Heike Maria Johenning

CITY|TRIP
KIEW

Nicht verpassen!   Karte S. 3

① Das Höhlenkloster/ Lawra [S14]
Das spirituelle und religiöse Herz Kiews ist eine Stadt in der Stadt. Spektakuläre Kirchen, einzigartige Museen und die weltberühmten Katakomben entführen in eine Welt vor unserer Zeit (s. S. 14).

⑯ Goldenes Tor [M10]
Das riesige rot-braune Stadttor ist eine der ausgefallensten Sehenswürdigkeiten der Stadt. Es wurde 1240 von den Mongolen zerstört. Der heutige Nachbau steht auf den im Inneren noch sichtbaren Originalfundamenten (s. S. 20).

⑰ Sophienkathedrale [M10]
Die anmutige Schönheit aus dem Jahr 1031 gehört heute zum Weltkulturerbe. Einige Fresken sind noch im Original erhalten, die äußere Form der mythenumrankten Kathedrale hat sich jedoch über die Jahrhunderte verändert (s. S. 21).

㉑ Funicular [N9]
Nur zwei Minuten dauert die Fahrt mit der nostalgischen Standseilbahn. Und doch wird man die herrlichen Ausblicke nicht mehr vergessen (s. S. 24).

㉒ Andreaskirche [N8]
Schön von Weitem leuchten die smaragdgrünen Kuppeln der eigenwilligen Barockkirche. Sie ist das Sahnehäubchen auf dem Andreasstieg, dem Montmartre Kiews (s. S. 25).

㉔ Bulgakow- Wohnhausmuseum [M8]
Das Haus des bedeutenden Schriftstellers lädt zu einer Zeitreise ein. Die einzelnen Räume sind seinen Romanfiguren gewidmet und es wirkt, als wären sie erst gestern ausgezogen (s. S. 27).

㉖ Majdan [N10]
Das anerkannte Zentrum Kiews gibt es in dieser Form erst seit dem Ende des Zweiten Weltkriegs. Seit den revolutionären Ereignissen 2013/2014 hat sich der nun weltbekannte Platz in einen „ikonischen Ort" verwandelt (s. S. 30).

㊶ Meschyhirja – Volksmuseum der Korruption
Janukowitschs ehemaliges Luxusschloss in Meschyhirja kann man jetzt besichtigen und so einen Einblick in das Leben des Autokraten erhalten. Mit einem Elektromobil erkundet man das über 140 Hektar große Areal, inklusive Zwischenstopp an der Oldtimersammlung. (s. S. 45).

Leichte Orientierung mit dem cleveren Nummernsystem
Die Sehenswürdigkeiten sind im Text und im Kartenmaterial mit derselben **magentafarbenen ovalen Nummer** ❶ markiert. Alle anderen Lokalitäten wie Geschäfte, Restaurants usw. tragen ein **Symbol und eine fortlaufende rote Nummer** (🛍1). Die Liste aller Orte befindet sich auf Seite 140, die Zeichenerklärung auf Seite 143.

7	**Kiew entdecken**
8	Willkommen in Kiew
9	Ein Kurztrip nach Kiew
10	*Das gibt es nur in Kiew*
12	Stadtspaziergang
14	**Die Heiligtümer von Petschersk**
14	❶ Höhlenkloster Petscherska Lawra ★★★ [S14]
15	❷ Kreuzerhöhungskirche ★ [T14]
15	❸ Die Nahen Höhlen ★★ [T14]
16	*Der Himmel auf Erden – Besuch von Kirchen und Klöstern*
17	❹ Die Fernen Höhlen, Sankt-Anna-Empfängniskirche ★★ [T14]
17	❺ Gottesmutter-Geburtskirche ★ [T14]
17	❻ Glockenturm der Fernen Höhlen ★★ [T14]
17	❼ Mariä-Himmelfahrtskathedrale ★★★ [S14]
18	❽ Refektorium und Refektoriumskirche ★★ [S14]
18	❾ Museum des Buchdrucks und des Buches ★★ [S14]
10	❿ Museum der historischen Schätze der Ukraine ★★★ [S14]
19	⓫ Großer Glockenturm ★★ [S14]
19	⓬ Mikrominiaturenmuseum ★★ [S14]
19	⓭ Museum für dekorative Volkskunst ★ [S14]
20	⓮ Museum für Theater-, Musik- und Filmkunst ★ [S14]
20	⓯ Dreifaltigkeitstorkirche ★★ [S14]
20	**Das altrussische Zentrum**
20	⓰ Goldenes Tor ★★ [M10]
21	⓱ Sophienkathedrale ★★★ [M10]
23	⓲ Denkmal zu Ehren von Fürstin Olga ★ [N9]
23	⓳ Holodomor-Denkmal ★ [N9]
23	⓴ Michaelskloster ★★ [N9]
24	㉑ Funicular ★★ [N9]
25	**Andreasstieg/Podil**
25	㉒ Andreaskirche ★★★ [N8]
26	*Die Romanows in Kiew*

◁ *Kunstvoll bemalte Auferstehungseier in der Oberen Lawra (063ki Abb.: kw)*

4 Inhalt

26	㉓ Altkiewer Plateau, Museum für ukrainische Geschichte ★★ [M8]	
27	㉔ Bulgakow-Wohnhausmuseum ★★★ [M8]	
28	*Die Deutschen ... und der Jugendstil*	
29	㉕ Kontraktplatz ★ [N7]	

30 Chreschtschatyk und Oberstadt
- 30 ㉖ Majdan ★★★ [N10]
- 32 ㉗ Taras-Schewtschenko-Wohnhausmuseum ★★ [N10]
- 32 ㉘ Museum für russische Kunst ★★★ [M12]
- 33 ㉙ Wladimirkathedrale ★★★ [L11]
- *34 Taras Schewtschenko – Held seiner Zeit*
- 35 ㉚ Fomins Botanischer Garten ★ [L12]

35 Europaplatz und Dnepr-Ufer
- 35 ㉛ Europaplatz ★ [O10]
- 35 ㉜ Bogen der Völkerfreundschaft ★ [O9]
- 37 ㉝ Kussbrücke ★ [P10]
- 37 ㉞ Dynamo-Stadion ★ [P10]
- 38 ㉟ Marijinskyj-Palast ★★ [P11]
- 39 ㊱ Nationalbank der Ukraine ★ [O11]
- 41 ㊲ Haus mit Chimären ★★ [O11]
- *42 Vladyslaw Horodezkyj – Chimären jenseits von Afrika*
- 43 ㊳ Haus der weinenden Witwe ★ [O12]

43 Entdeckungen außerhalb des Zentrums
- 43 ㊴ Babyn Jar ★★ [D5]
- *44 Architektur der 1920er-Jahre und was von ihr übrig blieb*
- 44 ㊵ Kyrillkirche ★★ [G3]
- 45 ㊶ Meschyhirja – Volksmuseum der Korruption ★★★
- 46 ㊷ Pirohowo – Freilichtmuseum für Volksarchitektur ★★
- 47 ㊸ Wydubyzkyj-Kloster ★★ [T18]
- 48 ㊹ Nationales Museum der Geschichte der Ukraine im Zweiten Weltkrieg ★★★ [T16]
- 48 ㊺ Expocenter ★★
- 49 ㊻ Tschernobyl ★★
- *50 Neue Kiewer Architektur oder die Geister, die man rief ...*

51 Kiew erleben
- 52 Kiew für Kunst- und Museumsfreunde
- *54 Lesja Ukrajinka – Notre Dame d'Ukraine*
- *57 Art Arsenal*
- *58 Die Blütezeit der „russischen" Avantgarde*
- 61 Kiew für Genießer
- 72 Kiew am Abend
- 76 Kiew für Shoppingfans
- *81 Kiew für Mystiker:*
  „Die Hexen von Kiew"

82	Kiew zum Träumen und Entspannen
85	Zur richtigen Zeit am richtigen Ort

87 Kiew verstehen

88	Kiew – ein Porträt
89	*Das linke Dnepr-Ufer – Liwobereschje*
91	Von den Anfängen bis zur Gegenwart
94	*Kosaken und Hetmane*
96	*Der Euromajdan – die „Revolution der Würde"*
98	Leben in der Stadt
100	*Die ukrainische Metropole im Streetart-Fieber*
102	*Babylonisches Sprachgewirr: Russisch versus Ukrainisch*
104	Totalniy Futbol – eine Stadt im Fußballfieber
106	*Vitali Klitschko: vom Boxer zum Politiker*

107 Praktische Reisetipps

108	An- und Rückreise
109	Barrierefreies Reisen
109	Diplomatische Vertretungen
110	Ein- und Ausreisebestimmungen
110	Elektrizität
110	Film und Foto
110	Geldfragen
111	*Kiew preiswert*
112	*Meine Literaturtipps*
113	Gesundheit und Hygiene
114	*Andrej Kurkow – mein Kiew*
115	Informationsquellen
116	Internet
116	MedizinischeVersorgung
117	Mit Kindern unterwegs
118	Notfälle
118	Öffnungszeiten
119	*Infos für LGBT+*
119	Post
119	Radfahren
119	Sicherheit
120	Sport und Erholung
120	Sprache
120	Stadttouren
121	Telefonieren
121	Trinkgeld
121	Uhrzeit
122	Unterkunft
125	Verhaltenstipps
126	Verkehrsmittel
128	Wetter und Reisezeit

129 Anhang

130	Kleine Sprachhilfe Ukrainisch
134	Register
138	Die Autorin
138	Impressum
139	Sprachliche und geografische Hinweise
139	Schreiben Sie uns
140	Liste der Karteneinträge
143	*Kiew mit PC, Smartphone & Co.*
143	Zeichenerklärung
144	Detailkarte Lawra

Zeichenerklärung

★★★ nicht verpassen
★★ besonders sehenswert
★ wichtig für speziell interessierte Besucher

[A1] Planquadrat im Kartenmaterial. Orte ohne diese Angabe liegen außerhalb unserer Karten. Ihre Lage kann aber wie die aller Ortsmarken mithilfe der begleitenden Web-App angezeigt werden (s. S. 143).

Updates
www.reise-know-how.de/citytrip/kiew19

Vorwahlen
› Kiew: 44
› Ukraine: +380

Das Post-Majdan-Kiew ist eine Stadt im Aufbruch. Der revolutionäre Geist ist noch überall spürbar. Derzeit entsteht auf dem Majdan ein Museum (s. S. 31), das an die Ereignisse von 2014 erinnert. Die Exponate des im Bau befindlichen Museums sind derzeit noch im Gewerkschaftshaus zu sehen, das sich ebenfalls am Majdan befindet.

Foodie-Mekka
Die Gastronomenfamilie Borysow erfindet gerade die ukrainische Küche neu und macht die Stadt zu einem Schlemmerparadies. „Die letzte Barrikade" (Ostannya Barykada, s. S. 70) befindet sich unter dem Majdan, das Restaurant Chicken Kyiv (s. S. 67) ein paar Meter weiter.

Streetart
Wer als Streetart-Künstler etwas auf sich hält, verewigt sich auf Kiews XXL-Häuserwänden ... oder in der Metrostation Osokorky (s. S. 100).

Made in Ukraine
Was als einende Idee nach dem Majdan begann, ist jetzt ein Exportschlager geworden – Mode und Design made in Ukraine. Im Wsi.Swoji (s. S. 80) treffen sich die Fashionvictims. Die Souvenirs im Dynamo Kiev Fan Shop (s. S. 76) und das Craft-Bier Tsipa (s. S. 62) stammen auch aus lokaler Produktion.

Meschyhirja
Es ist, als hätte Wiktor Janukowitsch sein Versailles vor den Toren Kiews erst gestern verlassen. Meschyhirja ist ein magischer Ort, der nicht umsonst als „Volksmuseum der Korruption" firmiert (s. S. 45).

090ki Abb. : as © Boris Stroujko

KIEW ENTDECKEN

Willkommen in Kiew

Kiews Zentrum lässt sich gut zu Fuß erkunden. Viele wichtige Sehenswürdigkeiten sind im Umkreis von nur zwei Kilometern um den Platz der Unabhängigkeit (Majdan) ㉖ verteilt, vom Höhlenkloster abgesehen. Am Majdan beginnt auch der Chreschtschatyk, Kiews größter Boulevard. Die Stadt wirkt aufgrund ihrer Hanglage am breiten Dnepr-Fluss, der weiten Schneisen und großen Plätze weitläufig und einladend. Durch die vielen Hügel und Höhenunterschiede scheinen die Entfernungen allerdings manchmal im Stadtplan näher, als sie in Wirklichkeit sind. Das eigentliche städtische Treiben findet diesseits des Flusses statt. Am anderen Flussufer sieht man die Truchanow-Insel und erst dahinter Liwobereschje, die Schlafstadt Kiews.

Ein schöner Einstieg für einen Citybummel ist entweder der Majdan (Metro: Majdan) in der Oberstadt oder die Funicular-Station in der Unterstadt (Metro: Poschtowa Ploschtscha).

An dieser Stelle sei auch der **Spaziergang** auf S. 12 ans Herz gelegt.

Das abseits aller Touristenpfade gelegene **Höhlenkloster** ❶ wird von Trolleybus Nr. 38 und **Bus Nummer 24** angesteuert, dessen Nummer man sich unbedingt merken sollte. Er verkehrt zwischen Hauptbahnhof (Metro: Woksalna) und Höhlenkloster und fährt den **Chreschtschatyk** (s. S. 32) hoch bis zum Majdan. Am Europaplatz ㉛ biegt der Bus rechts ab und fährt am alten Dynamo-Stadion ㉞ vorbei bis zur Endstation am Nationalen Museum der Geschichte der Ukraine im Zweiten Weltkrieg ㊹ und zurück (bis 20 Uhr).

Metrofahren ist praktisch, wenn man ein paar kyrillische Buchstaben kennt.

Sehr eindrucksvoll ist eine **Schiffstour auf dem Dnepr** (s. S. 127). Die Boote liegen hinter dem Restaurant Kompot (s. S. 69) am Kai vor Anker (Metro: Poschtowa Ploschtscha).

◁ Vorseite: Am Fuße der Andreaskirche ㉒ ist das neue Stadtviertel Small Europe (s. S. 25) entstanden

△ Der Chreschtschatyk (s. S. 32) bietet viele Überraschungen: hinter dem „Potemkinschen Tor" liegt die „Passage"

Ein Kurztrip nach Kiew

Die revolutionären Ereignisse 2013/ 2014 haben die Ukraine ins Blickfeld der Aufmerksamkeit gerückt. Ihre Hauptstadt ist abermals wie Phönix aus der Asche gestiegen. Da bereits Jahre zuvor die Visapflicht für Deutsche, Österreicher und Schweizer abgeschafft wurde und man schon nach ca. 2 Flugstunden in Kiew ist, steht einem Kurztrip in die ukrainische Kapitale nun nichts mehr im Wege!

1. Tag

Morgens

Auch wenn man nur einen Tag in der ukrainischen Hauptstadt verbringt, hat man mit dem folgenden Tagesprogramm viele Highlights und Facetten der Stadt gesehen. Zuerst geht es aber raus aus dem Zentrum. Mit dem Besuch des Höhlenklosters ❶ im Südosten sollte man gleich frühmorgens anfangen, da die Besucherschlange dann am kürzesten ist. Über den Eingang in der Unteren Lawra (Metro: Arsenalna, dann auf der gegenüberliegenden Seite nach links mit einem der Busse bis zum Höhlenkloster) gelangt man am schnellsten zu den Höhlen, danach kann man in aller Ruhe zur Oberen Lawra spazieren. Erfrischungen und Snacks findet man in den lauschigen kleinen Cafés, die sich über das gesamte Klostergelände verteilen.

Wer gut zu Fuß ist, erreicht von hier nach ca. 15 Minuten Fußmarsch Richtung Süden das Nationale Museum der Geschichte der Ukraine im Zweiten Weltkrieg ㊹ mit dem Fahrstuhl zur Statue „Mutter Heimat". In der Nähe bietet sich eine Einkehr im Restaurant **Zarske Selo** (s. S. 65) an.

Nachmittags

Nach dem Besuch des Höhlenklosters und/oder nach dem Museumsbesuch fährt man mit einem der hier verkehrenden Busse (auch Hop-on Hop-off-Busse, s. S. 121) zur Metro Arsenalna oder mit dem Bus Nummer 24 gleich bis zum Majdan ㉖ zurück. Auf dem Platz der Unabhängigkeit kommt man wieder ans Tageslicht.

Hier beginnt auch der **Stadtspaziergang** (s. S. 12), der am Michaelskloster ⑳, am Altkiewer Plateau ㉓ und an der Andreaskirche ㉒ vorbei zum Andreasstieg (s. S. 25) mitten ins Kiewer Montmartre-Viertel führt.

Alternativ werden am Majdan Touren nach **Meschyhirja** ㊶ in das Schloss des Ex-Diktators Janukowitsch angeboten.

Schön ist auch ein Spaziergang durch das **Jugendstilviertel** im Stadtteil Lipki (s. S. 40), das am Majdan beginnt.

> **EXTRATIPP**
>
> **Segway-Tour**
> Eine schön zusammengestellte, geführte Sightseeingtour per Segway bietet Interesniy Kiev (s. S. 120) an. In sechzig Minuten (70 €/Einzelperson, bei zwei Teilnehmern 50 €/Person) rollt man vornehmlich durch die Parklandschaft der Stadt. Ausgangspunkt ist der Marijinskyj-Palast ㉟. Von dort geht es vorbei am Parlamentsgebäude zur Aussichtsplattform, zum Dynamo-Stadion ㉞, vorbei an der Philharmonie bis zum Bogen der Völkerfreundschaft ㉜ und über eine neue Brücke zum Wladimir-Denkmal. Das Ganze ist auch über das Internet zu buchen, umweltfreundlich und macht wirklich Spaß.

Abends

Bei einem kühlen ukrainischen Craft-Bier (Tsipa, Pravda u. a.) und einem kräftigen Borschtsch kann man den Tag im Restaurant **Spotykach** mit Astronautennahrung aus der Tube (s. S. 25) oder in einem der Restaurants am Andreasstieg ausklingen lassen. Am unteren Ende des Stiegs gelangt man zum Kontraktplatz ㉕ und zur nächsten Metrostation. Vor dem Erreichen des Platzes liegt rechts die als Filmkulisse bekannte Straße Borytschiw Tik. Hier bekommt man einen Eindruck vom ursprünglichen, gänzlich unzerstörten Kiew.

Zum Chillen bietet sich der Afterworkklub **Pink Freud Kyiv** (s. S. 74) an, wo man auf viele Einheimische trifft. Klassische Musik wird in der weltberühmten Taras-Schewtschenko-Oper (s. S. 75) oder in der Nationalen Philharmonie (s. S. 75) geboten.

2. Tag

Morgens

Der folgende Tag könnte mit einem Bummel durch die Oberstadt beginnen. Das Goldene Tor ⓰ gehört zum Pflichtprogramm. Vor dem Tor steht täglich ein rollender Coffeeshop. Nach einem guten, starken Espresso ist man fit für die Treppenbesteigung. In der Nähe befindet sich auch das Museum für russische Kunst ㉘, das einen Abstecher lohnen kann. Vom Goldenen Tor geht es die Wul. Wolodymyrska hoch, vorbei an prachtvollen Häusern bis mitten ins Herz des altrussischen Kiew.

Auf der linken Seite sieht man schon von fern den riesigen Glockenturm der Sophienkathedrale ⓱. Der Eingang liegt etwas weiter oben. Das Areal ist nicht groß, aber für die Fresken und Mosaiken im Innenraum sollte man sich Zeit nehmen … und sein Handy zücken. Mystisches Kiew!

Das gibt es nur in Kiew

› *Die tiefste Metrostation der Welt. 105 Meter unter der Erde liegt die auf dem Weg zum Höhlenkloster ❶ liegende Station Arsenalna auf der roten Metrolinie, die ohnehin eine wunderbare Zeitreise in das sowjetische Kiew ermöglicht.*

› *Haus mit Chimären ㉛. Das ungewöhnlichste Wohnhaus der Stadt, mit dem sich der Architekt, Jäger und Safari-Liebhaber Vladyslaw Horodezkyj, auch der „Kiewer Gaudí" genannt, 1903 ein Denkmal setzte. Eine ganze afrikanische Savanne, kunstvoll aus Zement gefertigt, findet sich an der Fassade des schönsten Jugendstilgebäudes der Stadt. Nashörner, Elefanten, Krokodile, aber auch mythische Mischwesen zieren Säulen und Simse – man traut seinen Augen nicht.*

› *Streetart-Metro. Die Metrostation Osokorky etwas außerhalb des Zentrums wurde unlängst von einer ganzen Schar von Streetart-Künstlern in einen Selfiespot der Extraklasse verwandelt.*

› *Bogen der Völkerfreundschaft ㉜. Der Metallregenbogen mit einem Durchmesser von 60 Metern wurde 1982 zur 1500-Jahr-Feier der Stadtgründung in den Dnepr-Hügeln postiert.*

Nachmittags

In der **Zig Zag Bar** (s. S. 73) hinter der Sophienkathedrale kann man zwar nicht draußen sitzen, dafür aber wunderbar speisen oder einfach nur einen Kaffee trinken. Das **Spotykach-Restaurant** (s. S. 25) ist gleich um die Ecke. Auch zum Majdan ㉖ ist es nicht weit.

Von der Sophienkathedrale geht es weiter bis zum Michaelskloster ⓴ und von dort über die neue Fußgängerbrücke am Wladimir-Denkmal bis zum Bogen der Völkerfreundschaft ㉜ und dem Chreschtschatyj-Park oder linker Hand durch den Klostergarten zum Funicular ㉑. Mit der Standseilbahn fährt man in zwei Minuten in die Unterstadt und hat dabei herrliche Ausblicke.

Am Poschtowa Ploschtscha (Postplatz) angekommen, kann man nun am Ufer entlang zur Fußgängerbrücke der Truchanow-Insel (s. S. 37) laufen.

Abends

Auf der Truchanowinsel kann man dann den Sonnenuntergang abwarten und genießen und sich anschließend auf den(selben) Weg zurück zur Metrostation Poschtowa Ploschtscha [08] machen. Dort bieten sich unter anderem ein Besuch in der Taras-Schewtschenko-Oper (s. S. 75) oder in der Nationalen Philharmonie (s. S. 75) an. Ukrainische Küche im Chicken Kyiv (s. S. 67) hinter dem Majdan wäre eine lohnende Alternative. Im Sommer ist ein Abend im Klub Closer (s. S. 73) unvergesslich. Bei dem Klub handelt es sich um eine der hippsten Locations in ganz Osteuropa. Zum Areal gehören auch Galerien, Plattenläden, Imbisse und Shops. „Think Kyiv, think Closer" lautet der Slogan.

3. Tag

Morgens

Auch wenn der dritte Tag wegen der Abreise nur ein halber Tag sein sollte, könnte man ihn mit dem Besuch einer orthodoxen Messe um 9 Uhr morgens in der Wladimirkathedrale ㉙ beginnen lassen. Alternativ bieten das fußläufig zu erreichende Museum für russische Kunst ㉘ und/oder die Chanenko-Sammlung (s. S. 52) nebenan einen einzigartigen Einblick in die überreiche Kunstgeschichte der Stadt.

Von hier aus könnte man anschließend schnell zum Bahnhof bzw. zum Flughafen gelangen. Von der Metrostation Uniwersytet erreicht man nach einer Station den Bahnhof, von dem die Skybusse und der Flughafenexpress zum Flughafen abfahren.

Nachmittags

Ukrainische Kleinigkeiten, in jedem Fall Crêpes, bekommt man im Schewtschenko-Park gegenüber der Wladimirkathedrale. Für die weitere Tour durch Kiew bieten sich das Tschernobyl-Museum (s. S. 56), der Besuch des Pinchuk Art Centres (s. S. 56) und mit Kindern das Mitmachmuseum Experimentanium (s. S. 117) an, je nach Geschmack.

Abends

Vegetarische Speisen mit Ausblick gibt es im Obergeschoss des Pinchuk Art Centre neben dem Bessarabska-Markt. Von dort kann man bei Nacht den immer noch belebten Chreschtschatyk hochschlendern und dabei die vielleicht beste Krimtatarenküche Kiews ansteuern. Im Musafir (s. S. 70) kann man lange sitzen, bis man ins Otel' (s. S. 74) aufbricht, dem neuen Hotspot der Nachteulen.

Stadtspaziergang

Idealer Ausgangspunkt für diesen vier- bis fünfstündigen Spaziergang ist der geschichtsträchtige **Majdan** ㉖, der „als Ort der Zivilgesellschaft gilt, der jeden vor der Willkür des Regimes und der eigenen Angst schützt", wie die ukrainische Autorin Halyna Kruk während der revolutionären Ereignisse 2013/2014 (Euromajdan, s. S. 96) schrieb. Der „Platz der Unabhängigkeit" wurde erst nach dem Zweiten Weltkrieg im sozialistischen Stil angelegt, so wie der Prachtboulevard **Chreschtschatyk**, den man nun ein Stück hinunterschlendert. Man biegt rechts in die Prorisna Wuliza [N11] ein und findet sich in der altrussischen Oberstadt wieder. Auf der linken Seite taucht nach kurzer Zeit das **Goldene Tor** ⑯ auf, das eine kurze Besichtigung lohnt, aber nicht zwingend erfordert. Fans orthodoxer Kirchen (und nur die) spazieren die Wuliza Wolodymyrska in südlicher Richtung bis zum Tarasa-Schewtschenka-Boulevard, biegen rechts ab und gelangen bei diesem kleinen Abstecher zur **Wladimirkathedrale** ㉙. Auf demselben Weg geht es dann wieder zurück zum Goldenen Tor und weiter die Wuliza Wolodymyrska in nördlicher Richtung entlang.

Auf der linken Seite taucht bald wie eine Fata Morgana eine riesige goldene Kuppel auf. Diese gehört zum 1707 fertig gestellten himmelblauen Glockenturm der weiter hinten im Hof stehenden, 1000 Jahre alten **Sophienkathedrale** ⑰. Der Eingang befindet sich etwas weiter die Straße hoch. Das Areal ist wider Erwarten nicht groß, aber es gibt viel zu sehen. Allein die Fresken im Innern der UNESCO-Welterbestätte wird man nie vergessen. Von der Sophienkathedrale aus sieht man schon das **Denkmal zu Ehren der Fürstin Olga** ⑱ und das **Michaelskloster** ⑳, eine Replik des Ursprungsbaus, die erst im Jahr 2000 neu entstand, und die man über den Wolodymyrskyj Projisd erreicht. Die mit schwarzen Schindeln bedeckte Refektoriumkirche im hinteren Teil des Areals ist unbedingt sehenswert. Es handelt sich um einen 300 Jahre alten Originalbau. Im Klostergarten gelangt man auch zum **Funicular** ㉑. Hier könnte man den Spaziergang abkürzen und direkt in die Unterstadt zum Flussufer fahren – allerdings wäre das schade, denn jetzt beginnt der schönste Teil des Spaziergangs.

☐ *Von der Truchanow-Insel aus sieht man Kiew aus einer interessanten Perspektive*

Stadtspaziergang

Durch die Desjatynna Wuliza gelangt man zu einer der beeindruckendsten Barockkirchen der slawischen Welt. Die von dem italienischen Baumeister Bartolomeo Rastrelli konzipierte **Andreaskirche** ❷❷ wurde 1754 fertig gestellt und befindet sich an einem historisch bedeutsamen Ort. Am Altkiewer Plateau (gegenüber, hinter den Souvenirkiosken) nahm das Reich der Rus seinen Anfang. Hier sieht man noch die Fundamente der ersten Steinkirche der Kiewer Rus. Seit 1937 befindet sich hier auch das **Museum für ukrainische Geschichte** ❷❸, in dem man sich verlieren kann. Die Landschaftsallee [M/L9] (s. S. 60) ist nur einen Katzensprung entfernt, liegt aber nicht direkt auf dem Weg.

Von der Andreaskirche schlendert man nun den Andreasstieg hinunter und fühlt sich ins Pariser Montmartre versetzt. Souvenirstände, Gartencafés, Galerien, Streetart und Lokale säumen die neu gepflasterte Fußgängerzone. Auf dem Weg in die Unterstadt erblickt man rechts eine Eisentreppe, die zu einer lauschigen Aussichtsplattform führt. Auf der Hälfte des hügeligen Andreasstiegs erreicht man das **Bulgakow-Wohnhausmuseum** ❷❹, das man sich nicht entgehen lassen darf. Hier lebte Michael Bulgakow von 1906 bis 1919 ... und hier spukt es!

Am Ende des Stiegs gelangt man unweigerlich zum **Kontraktplatz** (Kontraktowa Ploschtscha [M7]), dem Zentrum der Unterstadt Podil, dem einstigen Händlerviertel von Kiew und dem heute als „Kiews Brooklyn" gefeierten Stadtteil. Rechts geht es in die geschäftige Wuliza Petra Sahajdatschnoho. Dort schlendert man an kleinen Restaurants und Läden vorbei bis zum Flussufer und dem **Postplatz** (Poschtowa Ploschtscha, [O8]), der erst vor wenigen Jahren komplett saniert wurde und jetzt mit Springbrunnen, Sitzbänken und dem Ausflugslokal Kompot (s. S. 69) aufwartet, aber erst nachdem man die Straßenseite gewechselt hat (Ampel). Über Stufen gelangt man zu den Ausflugsbooten, die den Dnepr flussabwärts fahren und die Stadt von ihrer bezauberndsten Seite zeigen.

> **Routenverlauf im Stadtplan**
> Der hier beschriebene Spaziergang ist mit einer farbigen Linie im Stadtplan eingezeichnet.

Alternativ spaziert man am Flussufer bis zur **Fußgängerbrücke** (Parkowyi Pischochidnyj Mist, [P9]). Die längste Brücke ihrer Art in Europa führt direkt zum herrlichen Stadtstrand der **Truchanow-Insel** (s. S. 37). Hier kann man die Füße im Wasser baumeln lassen, einen Drink in einer der Strandbars bestellen oder eine Pizza essen und den Spaziergang wunderbar ausklingen lassen – je nach Jahreszeit natürlich. Von hier geht es zu Fuß über die Brücke zurück in die Innenstadt. Am Poschtowa Ploschtscha kann man die Metro nehmen oder mit dem Funicular (zurück) in die Oberstadt fahren. Alternativ ruft man sich ein Taxi.

Denkbar wäre auch noch ein sich anschließender Besuch des **Höhlenklosters** ❶, allerdings nur, wenn noch genügend Zeit bleibt. Dazu kehrt man zum Majdan zurück, steigt dort in den Bus Nummer 24 und fährt bis zum Klostereingang. Der Bus hält auch am Kunstmekka Art Arsenal (s. S. 57) gegenüber ... und am **Museum der Geschichte der Ukraine im Zweiten Weltkrieg** ❹❹ (Endstation) mit der gigantischen Titanstatue „Mutter Heimat".

Die Heiligtümer von Petschersk

Die Hauptsehenswürdigkeit der Stadt ist UNESCO-Weltkulturerbe und umfasst neben dem Höhlenkloster verschiedene bedeutsame Kirchen, Museen sowie einen unterirdischen Katakombenkomplex, der weltweit seinesgleichen sucht.

❶ Höhlenkloster Petscherska Lawra ★★★ [S14]

Das Höhlenkloster ist ein historisches und architektonisches Denkmal des 11. bis 19. Jahrhunderts. Es war das geistliche Zentrum, von dem aus sich das Christentum über die gesamte Rus verbreitet hat. Der griechische Titel „Lawra" wird in der orthodoxen Kirche nur den wichtigsten Klöstern verliehen. Die Auszeichnung „UNESCO Weltkulturerbe" führt das Kloster seit 1990.

Der Legende nach gründete Mönch Antonij 1051 das Kloster, in dem namhafte Schriftsteller, Wissenschaftler und Künstler wirkten. Auch der berühmte Mönch Nestor verbrachte sein Leben hier und verfasste mit seiner „Chronik der vergangenen Jahre" die wichtigste historische Quelle der Kiewer Rus. 1615 entstand auf diesem Areal die erste Buchdruckerei Osteuropas (im Museum für Buchkunst zu sehen), dank derer die Lawra zum wichtigsten kulturellen und geistigen Zentrum der Ukraine wurde. Es gab außerdem ein Krankenhaus und eine Schule, das Kloster übernahm im Gegensatz zu byzantinischen Klöstern auch weltliche Aufgaben. Ende des 17. Jh. wurde das Kloster mit einer Mauer umgeben, nachdem es durch Mongolenübergriffe und Feuersbrünste immer

wieder stark beschädigt worden war. Von 1930 bis 1989 fungierte es als Museum, bis der Klosterbetrieb wieder aufgenommen und der Komplex schließlich zwischen 1998 und 2000 umfassend saniert wurde.

Das Areal gliedert sich in die **Obere Lawra** (Haupteingang) und die **Untere Lawra**, von wo der Besucher zu den Nahen und Fernen Höhlen gelangt.

Zur **Besichtigung der Höhlen** sollte man sich möglichst an einem Werktag morgens früh auf den Weg machen und zuerst den Eingang zur Unteren Lawra ansteuern. Gegenüber dem Ausgang der Nahen Höhlen ❸ befindet sich der Übergang zu den Fernen Höhlen ❹. Um abschließend zur Oberen Lawra zu gelangen, läuft man den ganzen Weg (Blyschnoperscherska Wul.) zurück und biegt an der großen Mauer rechts ab (von links ist man gekommen).

Beim Besuch der Höhlen kann eine Taschenlampe sehr hilfreich sein, eine Kerze sollte man trotzdem kaufen und anzünden. Allerdings erlöschen sie beim kleinsten Atemzug und dann steht man im Dunkeln zwischen all den heiligen Schreinen!

› Metro Arsenalna, dann Bus 24 oder Trolleybus 38 (fährt häufiger), gegenüber dem Metroausgang (Achtung: Straße unterqueren), Fahrtrichtung links. Busse und Marschrutki halten ca. 150 Meter vor dem Haupteingang und eine Station später am Eingang zur Unteren Lawra.

Das ist die Endstation. Verlässt man die Lawra, sollte man hier auch wieder einsteigen. Voll wird es erst an der nächsten Station.

› Києво-Печерська лавра, Lawrska Wul. 21, Tel. 2803071, www.lavra.ua. Die Obere Lawra ist tägl. von 8 bis 20 Uhr (im Winter 9–18 Uhr), die Untere Lawra von Sonnenaufgang bis Sonnenuntergang geöffnet, die Höhlen (sowohl die Nahen als auch die Fernen Höhlen befinden sich in der Unteren Lawra) sind nur von 8.30 bis 16 Uhr zu besichtigen. Für den Zugang zur Oberen Lawra zahlt man einmalig an einem der Kassenhäuschen 2 €, die Museen kosten extra.

Untere Lawra

❷ Kreuzerhöhungskirche ★ [T14]

Der Besuch des an manchen Stellen bis zu 20 Meter unter der Erde befindlichen sakralen Höhlenlabyrinths der Nahen Höhlen beginnt im Annex der Kreuzerhöhungskirche. Das dreischiffige Bauwerk in ukrainischem Barockstil aus dem Jahr 1704 wurde als Grabgewölbe der Kiewer Metropoliten genutzt. Die prachtvolle, geschnitzte Ikonostase von 1769 ist erhalten geblieben. Der Kerzenkauf in der Kirche ist Pflicht. Der Eingang zu den Höhlen ist aber nicht hier, sondern eine Tür weiter, im Nachbargebäude. Dort befinden sich auch die Mönchszellen und der Glockenturm. Der Ausgang ist in der Kreuzerhöhungskirche.

› Хрестовоздвиженська церква

❸ Die Nahen Höhlen ★★ [T14]

Ist man die Stufen hinabgeklettert, öffnet sich eine ganz eigene Welt, die es schon fast 1000 Jahre gibt.

Ein asketischer Mönch namens Antonij beschloss 1051, sich zum Beten und als Schutz vor wilden Tieren

◁ *Das Klosterareal der Unteren Lawra ist weitläufig, grün und hügelig*

Der Himmel auf Erden – Besuch von Kirchen und Klöstern

Die „Swjataja Rus" („Das heilige russische Land") ist in Kiew allgegenwärtig. Damit ist die besonders enge Verbindung zwischen Kirche und Volk gemeint, die es in der ersten großen ostslawischen Zivilisation von Anfang an gegeben hat.

Als Pendant zum Moskauer Patriarchat wurde nach der Unabhängigkeit 1991 auch ein Kiewer Patriarchat gegründet. Anfang 2019 erlangte es die Unabhängigkeit von Russland, nachdem sich Präsident Poroschenko als Teil seiner Wahlkampfstrategie intensiv dafür eingesetzt und den Schritt als „historisches Ereignis" bezeichnet hatte. Die neue ukrainische Kirche wird unter formeller Oberhoheit des Patriarchen von Konstantinopel stehen.

Die Renaissance des Glaubens treibt unterdessen seltsame Blüten. So werden an großen Plätzen kleine Kirchenmodule aus Holz platziert, für das unkomplizierte Gebet gewissermaßen. Oder als Vorboten für an diesen Stellen geplante Kirchen. Wenn sich in einem der imposanten Sakralbauten der Weihrauch mit dem Wohlgeruch der Kerzen verbindet, Ikonen den meist üppig geschmückten Kirchenraum zum Leuchten bringen und der Priester im schwarzen Gewand im schönsten Bass den Schöpfer preist, wird man verstehen, warum die Kirche für den Ukrainer der Himmel auf Erden ist.

Eine Messe kann bis zu drei Stunden dauern, wobei viele Gottesdienstbesucher nicht von Anfang an der Messe beiwohnen. Westliche Besucher wundern sich nicht nur über die fehlende Bestuhlung, sondern auch über die Geschäftigkeit der Gläubigen. Während der Liturgie küssen sie Ikonen, zünden Kerzen an und wandern wie in Trance umher.

Für den Besuch von Kirchen und Klöstern gebietet sich angemessene Kleidung. Arme und Beine müssen bekleidet sein, Frauen sollten das Haar mit einem Kopftuch bedecken. Das gilt auch für das Höhlenkloster und vor allem den Besuch der Höhlen.

und Unwettern in den Dnepr-Hügeln ein unterirdisches Höhlensystem zu graben. Die ca. 1 Meter breiten und 2,5 Meter hohen Tunnel sind sehr gut erhalten. In den unzähligen Nischen und Ausbuchtungen finden sich Glasvitrinen mit mumifizierten Leichen und Gebeinen bekannter und unbekannter Mönche und Ikonenmaler. Meist sind die Vitrinen mit Tüchern bedeckt. Auch an Antonijs Grabmal und an den sterblichen Überresten des wichtigsten Chronisten der Kiewer Rus, Nestor, geht man vorbei. Dass es in diesen auf der Welt einzigartigen Katakomben auch Kirchen gibt, vermutet man nicht. Im Schein der Kerzenlichter sollte man bei der Kirche des Heiligen Warlaam und der Mariä-Darstellungskirche einen Moment verweilen.

Der Legende nach reicht das Höhlensystem bis nach Moskau und Nowgorod. Dass es zwischen den Nahen und den Fernen Höhlen keine Verbindung geben soll, kann man daher kaum glauben.

› Ближні печери

❹ Die Fernen Höhlen, Sankt-Anna-Empfängniskirche ★★ [T14]

Der Eingang zu den Fernen Höhlen liegt in der Sankt-Anna-Empfängniskirche, am Ende der Galerie links. Die Kirche wurde im Jahre 1679 errichtet und erst 1819 mit einer goldenen Kuppel und einer prächtigen Unterkuppel versehen. Das Innere ist reich geschmückt und eine gute Einstimmung auf die schummrig-mystische Höhlenwelt, in der sich 44 Gräber, unter anderem auch das des heiligen Feodossi aus dem Jahr 1074, befinden. Seine Gebeine wurden jedoch in die Mariä-Himmelfahrtskathedrale verbracht, das Grab ist nur noch symbolisch. Auf 294 Metern Länge findet man außerdem die nach dem heiligen Feodossi benannte Kirche mit einer richtigen Ikonostase und seine Klosterzelle, die Gottesmutter-Geburtskirche sowie die Kirche der heiligen Mariä-Verkündigung.

Die Warägerhöhle, der älteste Teil der Katakomben, schließt sich unmittelbar den Fernen Höhlen an, ist aber wegen der Einsturzgefahr derzeit nicht zugänglich. Der Sage nach lagern dort die Schätze der Warägerräuber.

› Дальні печери, Анназачатіївська церква

❺ Gottesmutter-Geburtskirche ★ [T14]

Architektonisch ist die 1696 errichtete Barockkirche ein Juwel. Aus den drei Kuppeln wurden schließlich fünf. An der Nordseite sieht man einen Vorbau mit Turm und Galerien, der an die Moskauer Kreml-Kirchen erinnert. Einige der Wandmalereien aus dem Jahre 1817 sind noch erhalten.

› Різдва Богородиці церква

❻ Glockenturm der Fernen Höhlen ★★ [T14]

Der 42 Meter hohe Glockenturm von dem Architekten S. Kownir gilt als einer der eindrucksvollsten Barockbauten des 18. Jh. überhaupt. Ungewöhnlich sind die prägnanten Ecken, auf denen die geschliffenen Turmspitzen ruhen. Darüber thront ein dreiteiliger Turm. Mit Stuck, Rustika-Bändern und korinthischen Säulen verziert, sticht die anmutige Trutzburg aus dem gesamten Klosterareal heraus.

› Дзвіниця на Дальніх печерах

Obere Lawra

❼ Mariä-Himmelfahrtskathedrale ★★★ [S14]

Die wichtigste und opulenteste Kathedrale des Höhlenklosters wurde von Baumeistern aus Konstantinopel im Jahr 1089 errichtet.

Der Legende nach bestimmte die heilige Maria den Standort. Sie soll dem Waräger Simon erschienen sein und auch die Maße vorgegeben haben. Unter den Mongolen fiel das erste Steingebäude der Lawra 1240 in Schutt und Asche. Im 17. Jh. erhielt das Juwel des Klosters fünf zwiebelförmige Kuppeln. Nach dem Wiederaufbau brannte die ursprünglich 43 Meter hohe Kathedrale 1718 erneut nieder. Die wundertätige Ikone aus Konstantinopel konnte gerettet werden.

Diesmal wurde der Neubau um sechs Kuppeln, einige Galerien und Kapellen im ukrainischen Baustil ergänzt. Im Innenraum kamen Stuckapplikationen und eine Ikonostase hinzu.

1941 wurde die Kathedrale durch eine Explosion zerstört. Dem tragischen Ereignis fielen auch die namensgebende Ikone und ca. 300 Grabstätten wie etwa die Gebeine des Großfürsten Wladimir und der Sarg von Petro Mohyla zum Opfer. Nur der barocke Anbau an der Südseite blieb erhalten.

Zu sehen ist heute der in den Neubau integrierte alte Teil im Eingang vorne links. Zehn Jahre nach dem 1000-jährigen Jubiläum des Christentums in der Rus wurde die Kathedrale restauriert und erstrahlt nun seit 2000 in neuem Glanz.

> Успенський собор

❽ Refektorium und Refektoriumskirche ★★ [S14]

Das grün-weiße, vergleichsweise moderne Ensemble aus Refektorium (Speisesaal) und klassischer Fünfkuppelkirche auf einem quadratischen Grundriss entstand zwischen 1893 und 1895. Der Architekt W. Nikolajew vereinte pseudorussischen und byzantinischen Stil. Ausgerechnet Alexej Schtschussew, der später das Lenin-Mausoleum in Moskau entwarf, übernahm die künstlerische Ausgestaltung. An den sehenswerten Wandmalereien erkennt man bereits Einflüsse des Jugendstils. Neben der hübschen Ikonostase beeindruckt vor allem der riesige, orientalisch anmutende Pendelleuchter, den Zar Nikolaj I. stiftete.

> Трапезна Палата з церквою преподобних Антонія та Феодосія Печерських

❾ Museum des Buchdrucks und des Buches ★★ [S14]

Liebevoll restaurierte Druckereimaschinen aus mehreren Jahrhunderten und damit auch den technischen Fortschritt auf diesem Gebiet zeigt dieses einzigartige Museum. Rechts neben dem Kownir-Gebäude mit dem Museum der historischen Schätze steht die ehemalige Lawra-Druckerei aus dem Jahr 1615. Auf einer Leine hängen wie zum Trocknen bedruckte Blätter, bevor sie gebunden werden. Seltene Bücher wie etwa das Buch „Apostel" aus dem Jahr 1574 oder die „Ostroh-Bibel" (1581) und viele Erstausgaben ukrainischer Dichter und Denker sind in Vitrinen zu bestaunen. Auch Kinderbücher sind dabei.

> Музей книги і друкарства України, auf dem Areal der Oberen Lawra, Tel. 2807976, Mi.–So. 10–17 Uhr, Eintritt: 1,50 €

❿ Museum der historischen Schätze der Ukraine ★★★ [S14]

Der Louvre, die Ermitage und der Prado hätten ihn gern: den famosen Goldschatz der Skythen (Reiternomadenstämme).

Der goldene, 1,4 Kilogramm schwere Brustschmuck und eine Halskette mit Tierapplikationen aus dem 4. Jh. vor Christus sind nur einige der 20.000 glitzernden Exponate von Weltrang. Die Ikonen, Teppiche und Kreuze wurden von ukrainischen, polnischen, litauischen und russischen Handwerksmeistern geschaffen. Im Untergeschoss findet sich auch ein Modell von Kiew im 12. Jh. Das als „Schatzkammer der Ukraine" bezeichnete Museum zeigt die Geschichte einer jahrhundertealten Hochkultur.

> Музей історичних коштовностей України, auf dem Areal der Oberen Lawra, www.miku.org.ua, Tel. 2901387, geöffnet: Di.–So. 10–16.45 Uhr, Eintritt: 1,50 €

▷ *Eine leichte Neigung des Großen Glockenturms ist unverkennbar: noch sind es nur 62 Zentimeter ...*

Die Heiligtümer von Petschersk

11 Großer Glockenturm ★★ [S14]

Eines der imposantesten Bauwerke Kiews ist der größte einzeln stehende Glockenturm des ehemaligen russischen Reiches. Erbaut wurde er 1745 von dem aus Wandsbek stammenden Architekten Gottfried Johann Schädel. Vier sich nach oben verjüngende Etagen erstrecken sich in eine Höhe von fast 100 Metern. Über den dorischen Säulen in der zweiten Etage folgen ein Stockwerk mit ionischen und eines mit korinthischen Säulen. Im zweiten Stock befand sich die Bibliothek, deren Verbleib nie geklärt werden konnte. Die Besichtigung des Turmes ist möglich, nach 245 Stufen hat man einen wahrhaft schönen Ausblick.

› Велика Дзвіниця

12 Mikrominiaturenmuseum ★★ [S14]

40 Jahre seines Lebens widmete der 1937 in der Ukraine geborene Ingenieur Nikolaj Sjadristy einer von ihm entwickelten Mikrotechnik zur Herstellung stecknadelgroßer Figurinen und Symbole, die in diesem Museum jeweils einzeln durch ein Mikroskop zu sehen sind. Unter anderem schuf er eine Balalaika, die sich aus 40 Details zusammensetzt. Unvorstellbar klein und kunstvoll ist auch die goldene, 3,5 Millimeter lange Fregatte. Eines der kleinsten Bücher der Welt (eine zwölfseitige Ausgabe des „Kobsar") schaffte es sogar ins Guinnessbuch der Rekorde. Der hoch dekorierte Künstler bereicherte die Welt auch mit theoretischen Schriften und Büchern wie „Ob es schwierig ist, einen Floh zu beschlagen" und „Die Geheimnisse der Mikroelektronik". Sjadristys Preziosen waren schon auf allen Kontinenten ausgestellt, unter anderem in Dresden, Sydney und Buenos Aires. In Andorra gibt es ein eigenes Museum.

› Музей мікромініатюр Миколи Сядристого, auf dem Areal des Höhlenklosters, Obere Lawra, Eingang in dem Gebäude neben dem Glockenturm, geöffnet: Mi.–Mo. 9–18 Uhr, http://microart.kiev.ua, Tel. 2808137, Eintritt: 1,50 €

13 Museum für dekorative Volkskunst ★ [S14]

In dem riesigen Museum ist alles zu finden, was die ukrainische Volkskunst in ihrer jahrhundertealten Tradition an Bedeutsamem hervorgebracht hat: Teppiche, Keramik, Holzschatullen, Ostereier, Stickereien etc. Für die über 70.000 Exponate braucht man einen langen Atem, den man sich am Tag des Lawra-Besuchs gut einteilen sollte.

› Національний музей українського народного декоративного мистецтва, auf dem Areal des Höhlenklosters, Obere Lawra, geöffnet: Mi.–Mo. 10–18 Uhr, Tel. 2901343, Eintritt: 1 €

⓴ Museum für Theater-, Musik- und Filmkunst ★ [S14]

Hinter der Kirche links geht es in einen Innenhof, in dem sich der Eingang zu diesem Museum in den früheren Mönchszellen aus dem 19. Jh. befindet. Liebhaber von opulenten Theaterrequisiten, alten Fotografien und ukrainischen Volksinstrumenten kommen hier auf ihre Kosten. Allein der Theaterlegende Les Kourbas ist ein ganzer Raum gewidmet. Das eigentliche Herz des 1923 eröffneten Museums ist das einzige noch erhaltene Vertep-Theater in der Ukraine. Das Puppendrehtheater aus dem 18. Jh. wird von einer echten Babuschka respektvoll in Bewegung gesetzt.

› Музей театрального, музичного та кіномистецтва України, auf dem Areal der Oberen Lawra, www.tmf-museum.kiev.ua, geöffnet: Mi.–Mo. 10–17 Uhr, Tel. 2801834, Eintritt: 1,50 €

⓯ Dreifaltigkeitstorkirche ★★ [S14]

Die als Haupteingang zur Oberen Lawra dienende, zweigeschossige Torkirche ist im feinsten ukrainischen Barockstil mit vergoldeten Kuppeln und Motiven altrussischer Baukunst gestaltet. Vollendet wurde der ihr zu Grunde liegende Steintempel aus dem 12. Jh. erst nach und nach in den letzten drei Jahrhunderten.

› Троїцька Надбрамна церква

Das altrussische Zentrum

Auf den Spuren von Großfürst Jaroslaw ist man zugleich im Herzen von Kiew unterwegs. Die Oberstadt bezaubert mit imposanten Bauten aus 1500 bewegten Jahren und viel großbürgerlichem Flair.

⓰ Goldenes Tor ★★ [M10]

Vor dem größten der vier Kiewer Stadttore kapitulierten 1240 sogar die Mongolen. Es war 1037 errichtet worden und wurde über dem zweigeschossigen Wehrturm und dem riesigen, 8 Meter breiten und 25 Meter langen Tordurchgang von der Goldkuppelkirche Mariä-Verkündigung gekrönt. Die 30 Meter hohe Kirche sollte als Symbol für die sichtbare Christianisierung der Kiewer Rus dienen. Bis 1750 galt das Goldene Tor, obgleich in reichlich ramponiertem Zustand, als Einfallstor zur Stadt, bis die Überreste mit einer Stützkonstruktion befestigt und mit Erde bedeckt wurden. Vor der 1500-Jahr-Feier 1982 wurde die Rekonstruktion beschlossen, wobei die Originalfundamente der Last nicht Stand gehalten hätten. So kam es zu einem komplizierten Überbau mit Treppen und Terrassen, der dem Original täuschend ähnlich sieht. Ein imposantes Architekturdenkmal des 11. Jh. Weltliche und geistliche Macht sind heute an diesem Ort wieder vereint.

› Золоті Ворота, Wul. Wolodymyrska 40a, Metro: Soloti Worota, Tel. 2247068, Mi.–So. 10–17, Di. 10–16.30 Uhr, Eintritt: 1,50 €, Facebookseite. Im Goldenen Tor befindet sich ein Museum, das über die wechselvolle Geschichte und die Rekonstruktion informiert. Im Winter geschlossen.

🔟 Sophien-kathedrale ★★★ [M10]

Majestätisch funkelt der weltberühmte, frei stehende himmelblaue Glockenturm der Sophienkathedrale schon aus der Ferne.

Der mit weißen Stuckornamenten geschmückte 76 Meter hohe Eingangsturm wurde erst 1707 fertiggestellt. Die dahinter thronende, über 1000 Jahre alte Sophienkathedrale war im Mittelalter Sitz der Metropoliten der ganzen Kiewer Rus. Sie galt von jeher als Symbol für Licht, Vernunft und den Sieg über finstere Mächte. Das griechische Wort „Sophia" (Weisheit) stand hier für die Weisheit des Gottes Jesu Christi.

Nach neuesten Forschungen legte bereits Großfürst Wladimir im Jahr 1011 das Fundament der „Kiewer Sophie". Somit feierte sie 2011 ihr 1000-jähriges Jubiläum. Fürst Jaroslaw ließ sie 1037 nach dem entscheidenden Sieg über die Nomaden vollenden und suchte sich dort schließlich seine Grabstätte. Der Sarkophag aus weißem Marmor ist reich verziert.

Die heutige Gestalt der nach der Hagia Sophia von Konstantinopel benannten Kathedrale hat so gut wie keine Ähnlichkeit mehr mit dem Original. Anhand zweier im Erdgeschoss ausgestellten Modelle kann man die Zerstörungen erahnen, die letztlich zu den stilverändernden Rekonstruktionen führten. Aus fünf Rundkuppeln wurden dreizehn (Jesus und die zwölf

◹ *Das größte Stadttor von Konstantinopel war der Namenspatron des Goldenen Tores*

◸ *Nur die Originalfresken im Inneren der Dreifaltigkeitstorkirche sind nicht erhalten*

Apostel) goldene Zwiebeltürmchen, aus byzantinischem der Barockstil.

Wie durch ein Wunder ist fast die Hälfte der weltweit einzigartigen, teilweise bis zu 190 Farbschattierungen aufweisenden **Mosaiken** erhalten geblieben. Das bedeutendste ist die Darstellung der Gottesmutter Orante auf dem Altar, sie schützt die Stadt vor Unheil. In der Kuppel ist nur noch eines von vier ursprünglichen Erzengelmosaiken schemenhaft zu erkennen, die anderen drei wurden von Michail Wrubel durch Farbmalereien ergänzt. Auch der sehenswerte, überaus reiche Freskenschmuck war stark in Mitleidenschaft gezogen, darunter das Porträt der Familie von Jaroslaw dem Weisen. Die historisch wertvollen ausgekratzten Stellen knapp oberhalb der Wandmalereien auf der über Treppen zu erreichenden Empore im ersten Stock sind eine Art „Alltagsgraffiti" aus dem 17. Jh. Es wurden sogar Autogramme von Jaroslaws Enkel, Fürst Wladimir Monomach, entdeckt, der ebenfalls hier begraben wurde.

Neben dem Höhlenkloster galt die heute zum Welterbe der UNESCO gehörende Sophienkathedrale als wichtigstes politisches und kulturelles Zentrum. Jaroslaw der Weise ließ hier die erste russische Schule errichten. Seine famose Bibliothek gilt heute als verschollen. Die anderen Klostergebäude kamen erst im 17. und 18. Jh. hinzu. Dazu gehört auch die links vom Eingang zu sehende „Warme Sophie", die erst 1718 erbaut und im Winter als Alternative zur Hauptkirche diente. Hier gab es nämlich eine Heizung.

Heute ist hier ein kleines Museum zur Geschichte der Architektur untergebracht. Auch Relief- und Mosaikfragmente aus anderen Kirchen (wie z. B. der Desjatynna-Kirche) werden hier aufbewahrt. Im hinteren Teil befindet sich die Barockresidenz der Kiewer Metropoliten mit dem eigenwilligen Saborowskyj-Bogen.

Nach langen Streitigkeiten zwischen der ukrainisch-orthodoxen Kirche des Kiewer Patriarchats und des Moskauer Patriarchats wurde die heilige Stätte schließlich zum Museum erklärt. Liturgien gibt es daher keine mehr. Seit Anfang 2019 darf man in der Kathedrale sowohl fotografieren als auch filmen, auch wenn ältere Personen immer noch streng gucken.

› Софійський собор, Wul. Wolodymyrska 24, Metro: Majdan oder Soloti Worota, Tel. 2786262, http://sofiyskiy-sobor.polnaya.info, geöffnet: Di. 10–17, Mi./Do. 10–18, Fr.–So. 10–19 Uhr, Eintritt Kathedrale: 4 €. Die Kassen schließen 30 Minuten vor Ende der Besuchszeit. Die Besteigung des Glockenturms ist auch unabhängig vom Kirchenbesuch (1,50 €) Di.–So. möglich, von 10–18 Uhr, aber nur für Schwindelfreie zu empfehlen!

EXTRATIPP

Film „Die Frau mit den fünf Elefanten"

In dem sehenswerten Film „Die Frau mit den fünf Elefanten" von Vadim Jendreyko spielt Kiew eine der Hauptrollen. Der Schweizer Regisseur begleitete Deutschlands große Dostojewskij-Übersetzerin Swetlana Geier, die 2009 nach 65 Jahren erstmals wieder in ihre Heimatstadt Kiew zurückkehrte. Beim Anblick der Fresken in der Sophienkathedrale sagte sie über den Prachtbau: „Man kann die einzelnen Figuren nicht erfassen. Man muss das Ganze sehen, man muss das Ganze lieben." Swetlana Geier starb im Alter von 87 Jahren 2010, als der anrührende und luzide Film gerade in die Kinos gekommen war.

Das altrussische Zentrum

⑱ Denkmal zu Ehren von Fürstin Olga ★ [N9]

Unübersehbar auf dem Michaelsplatz sind die Marmorstatuen von Fürstin Olga (in der Mitte) und dem heiligen Andreas zu ihrer Rechten. Die beiden Erfinder des kyrillischen Alphabetes, Kyrill und Method, sind auf dem Sockel links neben ihr verewigt. Das ursprüngliche Denkmal stammt aus dem Jahr 1911. 1996 wurde es aus Marmor neu aufgelegt.

› Пам'ятник княгині Ользі,
  Mychajliwska Pl., Metro: Majdan

⑲ Holodomor-Denkmal ★ [N9]

Auf dem Platz vor dem Michaelskloster befindet sich links neben dem Eingang eher unscheinbar ein Denkmal, das den 7 bis 10 Mio. Opfern der Hungersnot von 1932 gewidmet ist. Sie wird in den Geschichtsbüchern als *Holodomor* (*holod* kommt von dem ukrainischen Wort *holod* für „Hunger", *mor* heißt „Tod") bezeichnet. Nach heutigen Erkenntnissen, d. h. seit der Öffnung der Archive nach 1991, geht man davon aus, dass eine Verquickung von Repressionen des Sowjetregimes, Getreideexporten gegen Devisen und Missernten zu diesem tragischen Moment in der Geschichte des Landes führte. Viktor Juschtschenko hatte sich nachhaltig für die offizielle Anerkennung des Hungertodes als „Genozid" eingesetzt und davon viele Länder überzeugt (Russland und Deutschland jedoch nicht). Auch hatte er 2009 den Grundstein gelegt für die Holodomor-Gedenkstätte (s. S. 52) im Park des Ruhmes.

› Пам'ятник жертвам голодомору,
  Mychajliwska Pl., Metro: Majdan

⑳ Michaelskloster ★★ [N9]

Es war einmal ... ein wunderschönes Kloster am Dnepr-Hang. Das einkuppelige Original aus dem Jahr 1108 wurde immer wieder in Teilen zerstört und/oder umgebaut und 1936 schließlich vom Sowjetregime unter dem Vorwand des „mangelnden historischen Wertes" abgerissen. Seit 2000 steht nun an seiner statt das

☐ *Hochzeitspaare posieren traditionell gern vor Denkmälern, hier vor jenem zu Ehren von Fürstin Olga*

wiederaufgebaute, kobaltblaue St. Michaelskloster mit den sieben goldenen glitzernden Kuppeln. Der Erzengel Michael galt seit Anbeginn als Beschützer des byzantinischen Reichs und später auch als Schutzpatron der Stadt. (Auch wenn er die einzige Heiligenfigur mit einer Waffe in der Hand ist!)

Die Refektoriumskirche im Hof aus dem Jahr 1713 überstand alle Stürme unversehrt. Sie wurde vor einigen Jahren mit neuen schwarzen Schindeln versehen.

Das Haupheiligtum sind die Reliquien der Märtyrerin Barbara, die von der gesamten christlichen Welt für ihren unverrückbaren Glauben verehrt wird, der sie schließlich 306 das Leben kostete. Heute erinnert der silberne Schrein an sie, die Reliquien wurden in die Wladimirkathedrale ㉙ verbracht.

So gut es ging, wurde der Innenraum im Stil des Barock wieder hergerichtet. Die Kopien der heute noch in anderen Kirchen befindlichen Fresken- und Mosaikoriginale lassen zumindest erahnen, wie prunkvoll das Kloster ausgesehen haben muss. 1941 wurden die Fresken gar zur Kriegsbeute, die nur teilweise wieder (in die Sophienkathedrale ⑰) zurückkehrte. Heute lagern noch 25 Fresken in russischen Museen.

Die Außenmauern neben dem Haupteingang zieren Wandmalereien mit unterschiedlichen Sujets, „die Wunder der heiligen Barbara" sind ebenfalls verewigt.

› Музей історії Михайлівського монастиря, Mychajliwska Pl., Metro: Majdan, Tel. 2787068, www.archangel.kiev.ua, geöffnet: Mo.–So. 8–19 Uhr, Eintritt: 1,50 €. Der 49 Meter hohe Glockenturm kann besichtigt werden.

㉑ Funicular ★★ [N9]

Nur zwei Minuten dauert die Fahrt mit der Standseilbahn, die den Bewohnern der Stadt seit 1905 gute Dienste leistet. Sie ist die schnellste Verbindung zwischen Oberstadt und der 100 Meter tiefer gelegenen Talstation am Poschtowa Ploschtscha in Podil. Von dort kann man mit der Metro weiterfahren. 1984 wurde das Funicular modernisiert und befördert heute fast 10.000 Passagiere am Tag. Meist Ende August wird es für einen Monat generalüberholt und geschlossen! Ersatzweise verbindet dann Bus 62 die Unter- mit der Oberstadt.

› Фунікулер, Metro: Poschtowa Ploschtscha, geöffnet: Mo.–Fr. 7–22, Sa./So. 8–23 Uhr, Ticket bzw. Plastikchip: 50 Cent

Andreasstieg/Podil

Das Montmartre von Kiew beginnt am Altkiewer Plateau und endet am historischen Kontraktplatz. Der hügelige Andreasstieg mit der schon von Weitem sichtbaren Barockkirche und unzähligen Restaurants und Galerien lädt zum Verweilen und Flanieren ein.

㉒ Andreaskirche ★★★ [N8]

In der orthodoxen Kirche gilt der heilige Andreas als der Apostel Konstantinopels und als Nationalheiliger Russlands. Der Legende nach stand er im 1. Jahrhundert n. Chr. auf dem heutigen Andreashügel und prophezeite, dass an dieser Stelle eines Tages eine bedeutende Stadt entstehen würde. Die schönste im ukrainischen Barock errichtete Kirche der orthodoxen Welt wurde 1754 fertiggestellt. Der italienische Baumeister Rastrelli bekam den Auftrag für dieses Meisterwerk von Zarin Elisabeth I. aus Moskau. Sie hatte sich der Förderung der Barockkünste verschrieben und verbrachte jedes Jahr einige Zeit in Kiew, vor allem mit Wallfahrten zum Höhlenkloster. Rastrelli hingegen war nie in Kiew gewesen. Die aparte, grün-gold leuchtende Andreaskirche entstand in seinem Kopf und schließlich auf dem Papier. Auf einem 14 Meter hohen Sockel thront die 46 Meter hohe Schönheit über allen sieben Hügeln.

Seit 2012 erstrahlt die fast einen Kilometer lange historische Straße Andreasstieg in neuem Glanz. Die Andreaskirche steht seit 2009 auf der Tentativliste der UNESCO und könnte demnächst schon Weltkulturerbe werden.

› Андріївський храм

KURZ & KNAPP — Small Europe

Das frühere Handwerkerviertel unterhalb der Andreaskirche ㉒ wurde zur Hochzeit der Immobilienspekulation Anfang der 2000er-Jahre in ein kunterbuntes Disneyland aus allen erdenklichen europäischen Architekturstilen verwandelt. Das im Volksmund „Oligarchengeisterstadt" genannte Areal erstreckt sich über zwei Parallelstraßen (Woswyschenska und Koschumjazka Wul. [L8]) und wurde 2008 ein Opfer der Finanzkrise. Viele der mit Giebeln und Säulen verzierten Wohnhäuser stehen bis heute leer. Dafür siedeln sich in den unteren Etagen jetzt Künstler, Bohemiens, Galeristen, Modisten und Barristas an … und machen Klein-Europa zu einem neuen Hotspot.

KLEINE PAUSE — Borschtsch aus der Tube

Eines der originellsten Restaurants der Stadt verblüfft mit verrückten ukrainischen Rezepten, echter Astronautennahrung aus der Tube und vegetarischen Speisen. Nischen mit Oma-Gardinen, Buchregalen und Kunstwerken laden zum Verweilen ein – ein Wohlfühlort!

🍴1 [M9] **Spotykach** €-€€, Wolodymyrska Wul. 16, Metro: Soloti Worota, Tel. 5864095, www.facebook.com/spotykach, tägl. 11–24 Uhr

◁ *Das Funicular wird auch von Pendlern benutzt und ist für Touristen ein Segen*

Die Romanows in Kiew

Von den Spuren, die die russische Zarenfamilie in den rund 300 Jahren ihres Wirkens von Russland aus in Kiew hinterlassen hat, sind die Andreaskirche ㉒ *und der Marijinskyj-Palast* ㉟ *die sichtbarsten. Der Einfluss der Romanows auf die Geschicke der Metropole am Dnepr war jedoch größer als gemeinhin angenommen. Als Quellenmaterial dienen neben den Geschichtsbüchern vor allem die in jener Zeit sehr verbreiteten Tagebuchaufzeichnungen der weitverzweigten Familie. Die Regentschaft der Zaren lässt sich grob in sieben für Kiew entscheidende Phasen unterteilen:*

1. Nachdem Hetman Bohdan Chmelnyzkyj 1648 in Moskau bei **Zar Alexej** *um Unterstützung im Kampf gegen die polnische Übermacht gebeten hatte, geriet Kiew nach der offiziellen Zustimmung Polens 1654 endgültig in den mächtigen Einflussbereich der Romanows. Die ukrainische Kirche wurde dem Moskauer Patriarchat unterstellt, auch wenn die Stadt sonst weitestgehend ihre Selbstbestimmung behalten durfte. Das ukrainische kulturelle Leben blühte in dem Maße auf, wie der polnische Einfluss abnahm.*

2. **Zar Peter I.** *(1682-1725) war der erste Zar, der Kiew besuchte. Er war fest entschlossen, das große Reich zu einer Militär- und Handelsmacht auszubauen. Die regionalen und kulturellen Besonderheiten der Ukraine berücksichtigte er dabei nicht. Viele Kulturschaffende verließen die Stadt und gingen nach Moskau oder St. Petersburg.*

3. Unter **Elisabeth I.** *(1741-1762) und danach unter Katharina II. (1762-1796) wurde Kiew als Erholungs- und Wallfahrtsort beliebt. Elisabeth ließ die Andreaskirche und den Marijinskyj-Palast als „pied-à-terre" bauen. In der „romantischen, aber langweiligen Provinzhauptstadt" verbrachten die Zarinnen manchmal Monate. Der imperiale Einfluss aus der russischen Hauptstadt wurde immer größer. So schaffte Katharina auch das Hetmanentum ab. Zum Bestellen der Felder wurden*

㉓ Altkiewer Plateau, Museum für ukrainische Geschichte ★★ [M8]

Das hinter den Souvenirkiosken auf der Anhöhe gegenüber befindliche Altkiewer Plateau ist der **älteste Platz der Stadt**. Der nicht zu verfehlende Granitfelsen mit der Aufschrift „Hier nahm das russische Reich seinen Anfang" erinnert daran. Von der ersten Steinkirche der Kiewer Rus, der Desjatynna-Kirche, sind nurmehr die rekonstruierten Fundamente vorhanden. Im 17. Jh. stand an diesem mystischen Fleckchen zwischenzeitlich eine Holzkirche. Aus jener Zeit stammt auch die betagte, noch immer blühende **Linde**, der Lieblingsbaum der Kiewer (nach der Kastanie). Nähert man sich der Schlucht, steht man vor der neuen Treppe zur Unterstadt, über die man in das quirlige Neubauviertel **Small Europe** (s. S. 25) in der Wosdwischenka Wul. gelangt.

Das Museum für ukrainische Geschichte befindet sich hier erst seit 1937, nachdem eine Kathedrale aus dem 19. Jahrhundert abgerissen worden war. Es beherbergt fast 600.000 Exponate aus allen Epochen. In Saal 6 ist ein eindrucksvolles Mo-

schließlich viele Bauern aus allen Republiken Russlands in die Ukraine umgesiedelt, auch aus der Türkei und Polen. Mit steigenden Bevölkerungszahlen und nachdem der westliche Teil der Ukraine „annektiert" wurde, spielte Kiew eine immer wichtigere Rolle, vor allem als Verwaltungszentrum des russischen Reiches. Katharinas Sohn Pawel (1796-1801) hatte ein Faible für Polen. Er räumte der polnischen Sprache in Kiew Sonderrechte ein. Im folgenden Jahrhundert ließen sich vor diesem Hintergrund viele polnische Geschäftsleute und Aristokraten in Kiew nieder.

4. **Alexander I.** (1801-1825) führte Polnisch als Unterrichtssprache ein und zementierte somit den polnischen Einfluss auf das kulturelle Leben der Stadt. Die ukrainischen Traditionen verloren an Bedeutung.

5. 1831 kam es zum blutigen Polenaufstand, der **Nikolaj I.** (1825-1855) dazu bewog, die „Mutter aller russischen Städte" zur Hauptstadt des südwestlichen russischen Reiches zu machen. Er ließ Brücken, Straßen, Universitäten und Kirchen errichten und berief sich auf die gemeinsamen (orthodoxen) Wurzeln. Der Einfluss des (katholischen) Polen ging zurück. Die Russifizierung der Region ließ jedoch die spezifisch ukrainischen Werte in den Hintergrund treten.

6. Die bürgerliche Entwicklung der ukrainischen Gesellschaft setzte unter **Alexander II.** (1855-1881) ein. Handel brachte Prosperität, die Befreiung der Bauern aus der Leibeigenschaft tat ein Übriges.

7. Sein Sohn **Alexander III.** (1881-1894) forcierte die Industrialisierung. Die Aufhebung des Verbotes der ukrainischen Sprache bewirkte eine neue kulturelle Blüte. Mäzene aus der Zarenfamilie stifteten Krankenhäuser und Klöster. Die in dieser Zeit gegründeten Universitäten, Theater und Zeitungen haben zum Teil noch heute Bestand. Kiew wurde das intellektuelle Zentrum der Ukraine und eine der kulturellen Hauptstädte Europas.

dell von Kiew aus der Zeit zwischen dem 10. und 13. Jahrhundert zu sehen. Für die unzähligen archäologischen Funde, Dokumente, Fotografien, Gemälde und Kunstwerke braucht man viel Zeit. Nicht entgehen lassen sollte man sich die Kutsche von Zarin Elisabeth I. aus dem Jahr 1744 (Saal 13). Zu jener Zeit weilte die letzte Vertreterin des Romanow-Geschlechtes einen Sommer lang in der ukrainischen Hauptstadt.

> Національний музей історії України, Wul. Wolodymyrska 2, Metro: Soloti Worota, Tel. 2784864, www.nmiu.com.ua, Mo.-Fr. 10-18, Sa./So. 11-19 Uhr

❷ Bulgakow-Wohnhausmuseum ★★★ [M8]

In dem 1888 erbauten Stadthaus mit der Hausnummer 13 lebte der berühmte Schriftsteller Michail Bulgakow von 1906 bis 1919. Er sollte als einer der größten Satiriker der russischsprachigen Literatur in die Geschichte eingehen. Seine grotesken Darstellungen des Alltagslebens in den Anfangszeiten der Sowjetunion trugen oftmals fantastische Züge.

Ein gewisser Hang zur Magie findet sich auch in Bulgakows Haus, in dem die persönlichen, noch verbliebenen Gegenstände wie Fotos, Bücher und Sofas wie von Geisterhand durch Utensilien aus seinem Roman „Die weiße Garde" in Form von weißen Gipskopien (Gitarre, Vitrinen, Schränke) ergänzt wurden. Hin und wieder spukt es auch ein bisschen. Eine Verbindungstür ist als Schrank getarnt, ein Schlafzimmer nur durch einen blinden Spiegel zu sehen.

Bulgakows Werke fielen anfangs der Zensur zum Opfer. So konnte sein weltberühmter Roman „Meister und Margarita" erst 1973 erscheinen. Einen spektakulären Erfolg hatte er jedoch mit dem an den Roman angelehnten Drama „Die Tage der Turbins", bevor es verboten wurde. Das Stück spielt im Bürgerkrieg 1918, als Kiew Zufluchtsort der „Weißen" (Bankiers, Adeligen und Halbweltdamen) auf der Flucht vor der „roten Gefahr" wurde.

Die Deutschen ... und der Jugendstil

Schon im 11. Jh. gab es in Kiew eine kleine deutsche Kolonie aus Geistlichen, Kaufleuten, Handwerkern und Rechtsgelehrten. Die Hetmane holten im 16. Jh. Ärzte, Lehrer, Professoren, Ingenieure und Architekten an den Dnepr. Gottfried Johann Schädel baute 1707 und 1745 zwei der imposantesten Bauwerke Kiews, den Glockenturm des Höhlenklosters und den der Sophienkathedrale. Um den deutschen Apotheker Georg Bunge, dem Kiew die erste Apotheke (heute Museum) verdankte, und den Pastor Christoph Grahl formierte sich 1728 im Stadtteil Podil die deutsche Gemeinde der Lutheraner. Nach einem Großbrand wurde den „Germani" im Stadtteil Lipki neues Land zugeteilt.

1845 kam der später „reichste Arzt des Imperiums", Professor Fjodor Mehring aus Sachsen, der zahlreiche Grundstücke kaufte und Bauten in Auftrag gab, nach Kiew. Die auf dem „Deutschen Hügel" hinter dem Chreschtschatyk 1857 von Iwan Strom erbaute und 2000 sanierte Lutherkirche aus Ziegelstein wurde das Zentrum der 1911 fast 5000 Deutsche evangelischen Glaubens zählenden Exilgemeinde. Viktor Schröter, ebenfalls ein deutscher Baumeister, entwarf die spektakuläre Nationaloper, die 1901 fertiggestellt wurde.

Eduard Bradtman und Georg Schleifer brachten den Jugendstil in die Stadt. Nach ihrem Entwurf wurde das heutige Iwan-Franko-Theater im neogriechischen Stil errichtet. Der mit ihnen befreundete „Chimärendompteur" Horodezkyj zeichnete für den Innenausbau verantwortlich.

Einen wunderbaren Einblick in das „deutsche" Jugendstilerbe bekommt man, wenn man an der Metrostation „Chreschtschatyk" den Ausgang „Horodetskoho Street Ivan Franko National Academic Theater of Drama" nimmt und einen kleinen Rundgang macht. Links oben hinter dem Theater sieht man das Haus mit Chimären, zu dem man derzeit ebenso wie zum Haus der weinenden Witwe keinen Zugang hat, da die Straße gesperrt ist. Über die Ljuteranska Wul. gelangt man zur Lutherkirche und von dort in die Wul. Sankowezkoji und zurück zur Metro. Am Ende der Straße steht man vor einem unglaublichen Häuserensemble des „Kyjewskij Modern" oder „Stil

Nach seinem Studium zog Bulgakow nach Moskau, arbeitete als Arzt bei der Roten Armee und später als Librettist beim Bolschoi-Theater. Aber Kiew blieb immer in seinem Herzen: „Hier habe ich das Sehen gelernt, es war, als käme etwas Farbiges aus einer weißen Wand."
> Київський меморіальний будинок-музей Михайла Булгакова, Andrijiwskyj Uswis 13, Metro: Kontraktowa Ploschtscha, www.bulgakov.org.ua, Tel. 4253188, geöffnet: Do.–Di. 10–18 Uhr (Kasse nur bis 17 Uhr), Mo. 12–18 Uhr, Eintritt: 4 €. Führungen auf Deutsch, im Sommer Tee auf der Veranda!

25 Kontraktplatz ★ [N7]

Das Wort „Kontrakt" bedeutet „Vertrag". Seit Ende des 18. Jh. und sogar bis in die 1920er-Jahre wurde auf diesem Platz im Stadtteil Podil bzw. ab dem 19. Jh. in den Handelsreihen

Modern", wie der Jugendstil hier genannt wird. Hausnummer 11 entwarfen Bradtman und Horodezkyj zusammen. Das opulente Wohnhaus (Nr. 9) des Bauunternehmers Leo Ginzburg wurde 1901 errichtet. Die Straße weiter rechts hoch folgen noch einige Jugendstilunikate. Der kühne, von Blumenmotiven und aufwendiger Ornamentik geprägte Stil sollte mit dem Ausbruch der Revolution ein jähes Ende finden.

▢ Jugendstil im östlichen Europa – ein wenig bekanntes Phänomen

Handel betrieben. In dem 1817 entworfenen und derzeit in Sanierung begriffenen Kontrakthaus trafen sich auch Makler und Notare und unterzeichneten Verträge.

Der mit korinthischen Doppelsäulen 1749 errichtete (und 1982 neu erbaute) grün-weiße Pavillon bietet dem **Samsonbrunnen** Schutz. Samson und der Löwe stehen für den Kiewer Helden Samson, der dem Schweden Peter I. das Maul zerreißt. Die Legende besagt, dass, wer aus diesem Brunnen trinkt, für immer in Kiew bleibt.

Im westlichen Teil des Platzes befindet sich auch die **Pirohoschtschyj-Kirche**, benannt nach der Ikone der Gottesmutter aus Byzanz. Das Heiligtum von Podil wurde 1136 fertiggestellt, 1935 abgerissen und 1998 als Rekonstruktion neu gebaut. Kein Wunder, dass dem ungewöhnlichen Bauwerk die Patina fehlt ...

Das himmelblaue, ehemalige **griechische Kloster** im Empirestil fällt durch den 1996 ergänzten Glockenturm auf. In dem im konstruktivistischen Stil entworfenen und aufwendig sanierten Gebäude weiter hinten ist heute ein Kindermusiktheater zu finden.

An einem der ältesten Plätze der Stadt befindet sich mitten im alten Handwerker- und Kaufmannsviertel auch die intellektuelle Hochburg des Landes: die **Mohyla-Akademie**. Petro Mohyla (1596–1647), Fürstensohn und Metropolit, gründete die erste Universität im ostslawischen Raum und propagierte zeitlebens die friedliche Koexistenz der drei christlichen Konfessionen. Namhafte Wissenschaftler, Bischöfe und Schriftsteller unter anderem auch aus Deutschland studierten an dieser Akademie, zu der heute auch die ehemalige Bratskij-Klosteranlage gehört. Seit 2007 gibt es hier sogar den deutschsprachigen Masterstudiengang „Deutschland- und Europa-Studien", der sich großer Beliebtheit erfreut.

❯ Контрактова площа

Chreschtschatyk und Oberstadt

Die Champs-Élysées und das Intellektuellenzentrum von Kiew entführen den Besucher vornehmlich in das 19. und 20. Jh. Ausgangspunkt ist der Majdan, der Platz der Unabhängigkeit, den seit den revolutionären Ereignissen Ende 2013/Anfang 2014 die ganze Welt kennt. Liebhaber stalinistischer Zuckerbäckerbauten werden sich auf der Prachtstraße, dem Chreschtschatyk, zuweilen nach Moskau versetzt fühlen.

▷ *Am Abend verwandelt sich der Majdan in eine entspannte Flanierzone*

㉖ Majdan ★★★   [N10]

Als sich Ende 2013 Tausende und zwei Monate später fast eine Million Menschen auf diesem Platz versammelten, konnte niemand ahnen, dass das friedliche Aufbegehren gegen die Weigerung des Präsidenten Janukowitsch, das Assoziierungsabkommen mit der Europäischen Union zu unterzeichnen, in einer Revolution mit fast einhundert Opfern enden würde.

Der Majdan (vom persischen Wort *meidan* = Platz) ist nicht nur der größte Platz Kiews, sondern auch sein anerkanntes Zentrum und ein beliebter Treffpunkt. Erst seit den Nachkriegs-

Chreschtschatyk und Oberstadt

jahren erstreckt er sich über beide Straßenseiten. Der südliche Teil des Platzes wird seit 2001 von dem 59 Meter hohen **Unabhängigkeitsdenkmal** dominiert. Die weiße korinthische Marmorsäule ziert eine auf der Erdkugel stehende Frauengestalt, die einen vergoldeten Zweig in der Hand hält, der die Friedensliebe des Landes symbolisiert. Dass der Kapitalismus nicht aufzuhalten ist, zeigt das gläserne Halbrund, hinter dem sich der Ableger des Einkaufszentrums Globus 2 verbirgt. Am Hang thront das 1961 im Zuckerbäckerstil erbaute 16-stöckige **Hotel Ukraina**. Während der „Euromajdan" genannten Revolution wurde das Hotelfoyer in ein Lazarett umgewandelt. Auch das deutsche Fernsehen berichtete aus einem der Zimmer. Dahinter, auf der mit einer riesengroßen Blumenuhr geschmückten Anhöhe links, steht der gelb-weiße, klassizistische **Schowtenewy-Palast** (Oktoberpalast). Die Straßenränder säumen gemauerte Grabstätten. Hinter dem Palast oben auf der Anhöhe entsteht das **Majdan-Museum**.

Der imposanteste der drei auf dem Platz postierten **Springbrunnen** zeigt die vier Begründer der Stadt in Bronze: die Geschwister Kyj, Schtschek, Choryw und Lybid.

Die Westseite des Platzes dominiert die nationale Musikakademie im Neorenaissancestil. Das **Konservatorium** wurde 1913 gegründet und 1940 nach dem Mitbegründer „Peter Tschaikowski" benannt. Der wohl berühmteste Absolvent der renommiertesten Musikhochschule der Ukraine ist Wladimir Horowitz. Der Konzertsaal befindet sich heute in dem klassizistischen Gebäude nebenan, das durch Arkadenreihen und ionische Säulen die Blicke auf sich zieht.

Auf der nördlichen Seite des Platzes laufen fünf Straßen sternförmig zusammen. Das charmante Halboval wird umrahmt von sieben unverkennbar massiven Bauten aus der Sowjetära, wie etwa dem **Hauptpostamt** und dem gegenüber stehenden Haus der Gewerkschaften, das im Winter 2013/2014 ausbrannte. Die blaue Weltkugel auf dem Podest

vor dem Eingang zum Hauptpostamt zeigt die Distanzen zu allen anderen Postämtern der Ukraine. Dafür musste sich der einst an ihrer statt befindliche Erzengel Michael auf dem Petschersker Tor mit einem weniger prägnanten Plätzchen begnügen – und dabei ist er doch der Schutzpatron der Stadt.

Der den Majdan durchschneidende **Chreschtschatyk** (von dem slawischen Wort *krest* für Kreuz abgeleitet), die Kiewer Prachtstraße, wird ebenfalls von Stalins geliebten Zuckerbäckerbauten dominiert. Im Zweiten Weltkrieg völlig zerstört, wurde die Straße in den 1950er- und 1960er-Jahren (auch mithilfe deutscher Zwangsarbeiter) verbreitert und im Stalin-Empirestil neu gebaut. Der Chreschtschatyk erstreckt sich auf einer Länge von 1,2 Kilometern und lädt zum Flanieren ein, besonders am Sonntag, wenn sich der gesamte Boulevard in eine Fußgängerzone verwandelt.

› Майдан Незалежності

㉗ Taras-Schewtschenko-Wohnhausmuseum ★★ [N10]

Wie ein Relikt aus einer anderen Welt liegt das Museum hinter dem rummeligen Majdan ㉖: das bezaubernde kleine Holzhaus, unter dessen Dach der ukrainische Nationalheld zusammen mit zwei befreundeten Künstlern von 1846 bis 1847 lebte. In dem liebevoll restaurierten Kleinod mit Dielen und Butzenscheiben empfangen den Besucher herzliche Babuschkas, die für jeden Gast das Licht an- und ausschalten. Sie hüten einen wahrhaft kostbaren Schatz: Schewtschenkos Gedichtsammlungen (Kobsar) als Erstausgaben, seine Staffelei mit Originalpinseln, private Fotos und die persönliche Bibliothek. Hinter Glas finden sich Zitate und Widmungen. Sie stammen von seinen Landsleuten und zeugen von einer übergroßen Wertschätzung.

› Літературно-меморіальний будинок-музей Т. Шевченка, Taras Schewtschenko Prow. 8a, Metro: Majdan, Tel. 2783511, geöffnet: Sa.–Do. 10–18 Uhr, Eintritt: 1 €

㉘ Museum für russische Kunst ★★★ [M12]

In diesem sehenswerten Palast aus dem Jahr 1880 befindet sich eine hochkarätige Sammlung russischer Kunst.

Die famosen Schätze des Zuckerbarons und Mäzens Mykola Tereschenko, dem quasi die gesamte Straße gehörte, wurden von den Bolschewisten konfisziert und bildeten den Grundstock für das 1922 eröffnete Kunstmuseum. In kleinen Schatzkammern wie dem Raucherzimmer im türkischen Stil oder dem goldenen Gästezimmer finden sich Dmitryj Kewitzkys Porträts aus dem 18. Jh. Neben den Ikonen „Die Heiligen Boris und Gleb" aus dem 13. Jh. und „Der Heilige Georg und der Drache" aus dem 16. Jh. gelten die Werke der Maler Ilya Repin (er war Ukrainer), Iwan Schischkin und Michail Wrubel aus dem 19. Jh., aber auch Skulpturen und seltene Stücke aus der Porzellanmanufaktur Lomonossow als sehenswert. Platzteller von Malewitsch und eine von Wrubel entworfene Brosche sind nicht immer ausgestellt.

› *Ein magischer Ort – die Wladimirkathedrale*

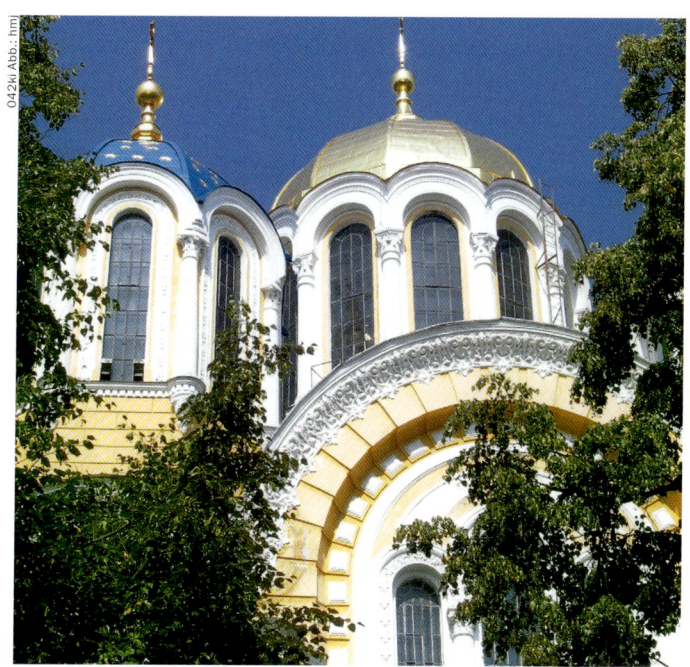

› **Київський музей російського мистецтва,** Tereschenkiwska Wul. 9, Metro: Teatralna, Tel. 2346218, http://kmrm.com.ua, geöffnet: Mi.–So. 10–18 Uhr (Kasse schließt eine Stunde früher), Eintritt: 3 €

㉙ Wladimirkathedrale ★★★ [L11]

Dem Großfürsten Wladimir (960–1015) ist die Einführung des Christentums in der Kiewer Rus zu verdanken. Mit diesem wegweisenden Schritt konnte sein Reich stabile politische und kulturelle Beziehungen zu Byzanz, zum bulgarischen Zarenreich und zu anderen Staaten in Westeuropa ausbauen. Anlässlich des 900-jährigen Jubiläums dieses großen Ereignisses kam der Gedanke auf, ihm zu Ehren eine opulente Kirche im traditionell byzantinischen Stil errichten zu lassen. Der Sakralbau wurde mit Spendengeldern finanziert und dauerte 30 Jahre. Die Einweihung der 49 Meter hohen, mit sieben Kuppeln versehenen, gelbblauen Hauptkirche des Kiewer Patriarchats konnte erst 1896 stattfinden, nachdem auch die Malereien vollendet waren.

Die berückend schönen Mosaiken erzählen die Geschichte der orthodoxen Kirche in Form von 30 heiligen Figuren. Für die Freskenmalereien wurden die seinerzeit berühmtesten russischen Maler engagiert. Michail Nesterow, Viktor Wasnezow und Michail Wrubel (anhand von Entwürfen) verewigten sich im Halbschatten des mystisch anmutenden Innenraumes, in dem selbst die Muttergottes in einem Schwebezustand zu verharren scheint. Die Tore der schönsten ukrainisch-orthodoxen Kreuzkuppelkirche schmücken Reliefbilder von Fürstin Olga und Fürst Wladimir, der schließlich nach seinem Tod von der orthodoxen Kirche heiliggesprochen wurde.

> **Володимирський собор,** Taras Schewtschenko Bul. 20, Metro: Uniwersytet, Tel. 2355385, www.katedral.org.ua, geöffnet: Mo.–Sa. 7.30–19.30, So. und feiertags 6.30–20 Uhr. Gottesdienste täglich um 9 und um 17 Uhr. Wer schon immer mal einer orthodoxen Messe beiwohnen wollte, sollte dies hier tun.

Taras Schewtschenko – Held seiner Zeit

In der Figur des großen ukrainischen Freiheitskämpfers spiegeln sich die Lebensbedingungen im russischen Zarenreich in den negativsten und in den positivsten Aspekten wider.

Obwohl 1814 als Sohn von Leibeigenen geboren, hatte der junge Schewtschenko unverhoffte Aufstiegschancen. Sein Gutsherr nahm ihn mit auf diverse Auslandsreisen nach Vilnius, Warschau und schließlich nach Sankt Petersburg. Dort wurde er unter anderem mit Iwan Soschtschenko bekannt gemacht, der dafür sorgte, dass Schewtschenko in die Malklasse der Gesellschaft zur Förderung der Künste aufgenommen wurde. Als er mit 24 Jahren aus der Leibeigenschaft losgekauft wurde, wechselte er zur Kunstakademie und schrieb in den folgenden Jahren eines seiner wichtigsten Werke, die Gedichtsammlung „Kobsar". Darin beschäftigte er sich mit dem Schicksal jener das Instrument Kobsa (Zupfinstrument) spielenden Volkssänger und den Kosaken, die sich der Freiheit der Ukraine, dem Kampf gegen Polen und dem einfachen Leben verschrieben hatten. Das Werk gilt bis heute als „Bibel" der Ukrainer.

Niemand hat die ukrainische Volksseele besser beschrieben als der aus dem Stadtbild von Kiew nicht wegzudenkende Begründer der ukrainischen Literatur. Weltweit soll es 400 Denkmäler ihm zu Ehren geben. Neben seiner Gefühls- und Landschaftslyrik verfasste er auch politische und sozialkritische Dramen und Novellen und machte als Maler von sich reden. Schewtschenkos Losung „Kämpfet und ihr werdet siegen!" war 2014 auch wieder auf dem Majdan zu hören.

1843 kehrte er in die Ukraine zurück. Von Kiew aus wurde Schewtschenko aber nur vier Jahre später als Mitglied der gegen die Leibeigenschaft aufbegehrenden Kyrill-und-Method-Bruderschaft von Zar Nikolaus I. in die Verbannung geschickt.

„Gott sei Dank gab er zu, dass er ein Ukrainer (…) ist.

‚Woher kommst Du?', fragte er auf Russisch.

‚Aus der Ukraine.' - ‚Das heißt, du kannst die hiesige Sprache nicht?'

‚Ach wo', sage ich, ‚sprechen kann ich, will aber nicht.'"

(Aus der satirischen Verserzählung „Der Traum")

Taras Schewtschenko sollte nicht mehr lebend nach Kiew zurückkehren. 1861 starb der große Freiheitskämpfer in Sankt Petersburg, nachdem er von 47 Lebensjahren nur 10 Jahre in Freiheit verbracht hatte. 2014 wurde sein 200. Geburtstag gebührend gefeiert.

㉚ Fomins Botanischer Garten ★ [L12]

Im Jahre 1839 wurde der „kleine" bzw. „alte" Botanische Garten auf einem Schluchtgelände vor der Taras-Schewtschenko-Universität vom deutsch-baltischen Botaniker Ernst Rudolph von Trautvetter angelegt. Er trägt den Namen des Akademie-Mitgliedes Alexander Fomin, der mehrere Jahre lang hier forschte. Auf 23 ha sind ca. 9000 Pflanzenarten anzutreffen, die mit 200 Jahren älteste Palme Europas hat es sich im 30 m hohen Klimathron gemütlich gemacht.

❯ Ботанічний сад, Fomins Botanischer Garten, Metro: Uniwersytet, Nebeneingang Wul. Kominternu, http://botanicus.kiev.ua

Europaplatz und Dnepr-Ufer

Zu der sogenannten Smaragdkette Kiews gehören die Parks, Bauten und Denkmäler, die sich am Ufer des Dnepr in den Hügeln befinden. Dazu zählt auch der wunderschöne, aber treppenreiche Chreschtschatyj-Park mit dem Bogen der Völkerfreundschaft und dem Dynamo-Stadion, der oberhalb des Europaplatzes beginnt. Wer gut zu Fuß ist, läuft weiter bis zum Marijinskyj-Palast im gleichnamigen Park.

㉛ Europaplatz ★ [O10]

An diesem Verkehrsknotenpunkt treffen auch heute noch die drei ältesten Stadtteile Kiews zusammen: Die Oberstadt, Podil und Petschersk. Überqueren kann man den Platz nicht, aber unter der Erde geht es auch recht schnell.

Schon 1979 wurde das Hotel „Europa", nach dem dieser weitläufige Platz benannt ist, abgerissen. An dessen Stelle befindet sich heute das unschwer an den strengen geometrischen Formen der 1980er Jahre zu erkennende **Haus der Ukraine**. Ursprünglich sollte aus der weißen Trutzburg in Form einer Torte ein riesiges sowjetisches Lenin-Museum werden. Dann nahm die Geschichte aber eine andere Wendung ... Heute finden hier Kongresse und Ausstellungen statt.

Das Haus der Kaufmannsvereinigung aus dem Jahr 1882 ist das einzige erhalten gebliebene Bauwerk des 19. Jh. und beherbergt heute die **Nationale Philharmonie** (s. S. 75). Das liebevoll sanierte Neorenaissance-Gebäude verfügt über einen Konzertsaal der Extraklasse, den auch Rachmaninow und Tschaikowski schon rühmten.

Geht man die Stufen rechts neben der Philharmonie hoch, gelangt man zum imposanten Bogen der Völkerfreundschaft und dann über die neue Aussichtsbrücke [O9] zum Wladimir-Denkmal.

❯ Європейська площа

㉜ Bogen der Völkerfreundschaft ★ [O9]

Dies ist der größte (Stahl-)Regenbogen Europas. Sein Durchmesser von 60 Metern scheint eine Schneise in den Kiewer Himmel zu schlagen. Darunter thront eine gigantische Bronzeskulptur mit zwei Figuren, einem russischen und einem ukrainischen Arbeiter, die über sich pathetisch das Band des sowjetischen Ordens der Völkerfreundschaft schwen-

Europaplatz und Dnepr-Ufer

> **KLEINE PAUSE**
> **Snacks, Getränke … und mehr**
> Auf der Aussichtsplattform am Bogen der Völkerfreundschaft gibt es zahlreiche Verkaufsstände, an denen man sich stärken kann.

ken. 1982 konnten die Erbauer den Ausgang der Geschichte noch nicht kennen.

Eine spektakuläre neue Aussichtsbrücke [09] für Fußgänger und Radfahrer wurde 2019 fertiggestellt. Sie verbindet in luftiger Höhe den Bogen mit dem Wladimir-Denkmal und dem Funicular und macht das Spazieren in den Hügeln deutlich angenehmer. Nur das darunter geplante Einkaufszentrum wird es nicht geben, die UNESCO hat Einspruch eingelegt und das Projekt gestoppt.

> **KURZ & KNAPP**
> **Die rote Universität**
> Geht man im Schewtschenko-Park spazieren oder schlendert Richtung Wladimirkathedrale ㉙, leuchtet früher oder später das imposante karminrote Hauptgebäude der 1843 gegründeten Wladimir-Universität durch das Grün der Bäume. Sie ist auch heute noch eine der besten des Landes und sehr beliebt. 1847 wurde die in diesen Hallen tagende Kyrill-und-Method-Gesellschaft aufgedeckt und verboten. Taras Schewtschenko wurde von hier aus, auch weil er zu den Mitgliedern zählte, 1847 in die Verbannung geschickt. 1901 verfügte Zar Nikolaj I., das ehrwürdige Hauptgebäude im Stil des Spätklassizismus blutrot anzustreichen.
> Das sollte eine Antwort auf die Studentenproteste gegen die Einberufung zur Armee sein. 1939 wurde die Hochschule nach dem großen Freiheitskämpfer benannt. Als der monumentale Bau mit dem achtsäuligen ionischen Portikus nach dem Zweiten Weltkrieg restauriert wurde, behielt man den eigenwilligen Farbton bei.
> › Wul. Wolodymyrska 60, Metro: Uniwersytet

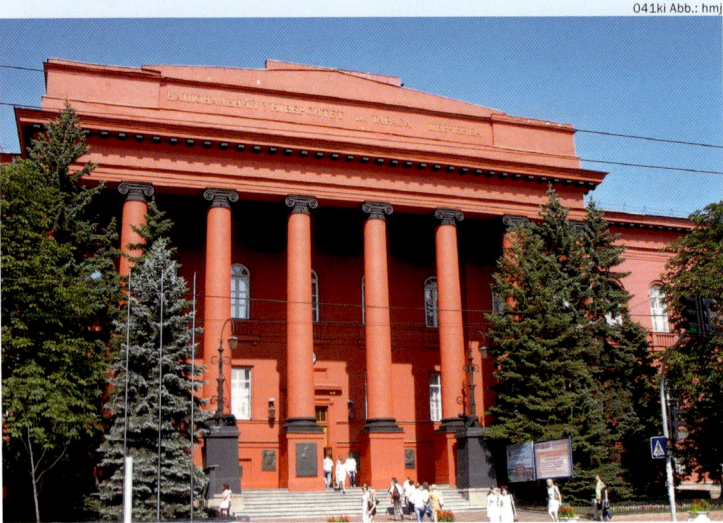
041ki Abb.: hmj

Europaplatz und Dnepr-Ufer

› **Арка дружби народів**, Metro: Majdan, dann zu Fuß Richtung Europaplatz oder mit dem Bus 62, an der Philharmonie rechts die Stufen hinauf

㉝ Kussbrücke ★ [P10]

Der Blick von der 1904 vom großen Brückenbauer Jewgenyj Paton erbauten 60 Meter hohen Fußgängerbrücke ist fantastisch. Zwischen den Holzplanken rauscht weit unten der Verkehr. Die 1983 erneuerte Metallbrücke wurde kurioserweise noch vor der Straße gebaut. 1912 wurde aus der Senke eine Straße. Im Volksmund heißt dieser Übergang zum Horodezkyj-Park „Kussbrücke". Das liegt zum einen an dem wildromantischen Blick ins Grüne, aber auch an den überall hinterlassenen Liebesschwüren. Unzählige an die Brüstung gekettete große und kleine Schlösser sollen Verliebten ewige Liebe verheißen.

› **Містка любові**, Metro: Majdan, weiter zum Europaplatz, Stufen hinauf in den Chreschtschatyj-Park

㉞ Dynamo-Stadion ★ [P10]

Dass hier eines Tages die Heimstätte eines international bekannten Fußballklubs entstehen würde, hätte wohl niemand gedacht. An diesem herrlich grünen Ort mitten in der Stadt befand sich Ende des 19. Jh. ein Vergnügungspark mit dem französischen Namen „Château des Fleurs" („Blumenpalast"). Dazu gehörte auch ein Varietétheater mit Restaurant, das 1936 dem Dynamo-Stadion weichen musste. Das 18.000 Plätze bietende Stadion sollte ursprünglich der staatlichen Geheimpolizei zur Unterhaltung und körperlichen Ertüchtigung dienen.

An dem Bau beteiligten sich verschiedene Architekten, unter anderen W. Osmjak und W. Bespalow. Der Eingang des 2002 nach Valeri Lobanowskyj, dem legendären Spieler und Trainer von Dynamo Kiew und der Nationalmannschaft, benannten Stadions hat die Form einer riesigen zweireihigen Kolonnade. Auf dem Ge-

---

EXTRATIPP

Truchanow-Insel [P8]

Von der kleinen Stadtinsel aus entfaltet Kiew noch einen ganz anderen Charme. Der echte Sandstrand lockt den Besucher auf die mitten im Dnepr liegende Truchanow-Insel.

Der Spaziergang zur Truchanow-Insel kann am Europaplatz beginnen. Von der Metrostation Majdan gelangt man in 15 Minuten zu Fuß dorthin. Alternativ fährt der Bus Nummer 62 von der Metrostation Arsenalna und hält direkt an der Philharmonie. Daneben führen die Stufen hoch zum Bogen der Völkerfreundschaft ㉜ Neben dem am Hang liegenden Panoramarestaurant geht es die Stufen und Serpentinen hinunter zur Fußgängerbrücke. Schneller geht es, wenn man an der Metro Poschtowa Ploschtscha startet und am Ufer entlang bis zur Brücke geht. Den verheißungsvollen Sandstrand erreicht man, nachdem man die Fußgängerbrücke überquert hat. Ein malerischeres Fleckchen wird man im Stadtzentrum kaum finden.

Der herrliche weiße Sand bringt auch so manchen Südeuropa-Urlauber ins Schwärmen. Auf der linken Seite befindet sich der öffentliche Strand, rechts herunter erreicht man einen Privatstrand mit Holzliegen.

› **Труханів острів**, Metro: Majdan, dann zum Europaplatz und die Hügel zu Fuß hinab und wieder hinauf. Alternativ fährt man mit dem Bus zurück.

lände ist auch das Denkmal für die Kiewer Fußballspieler aufgestellt worden, die während der Besatzung Nazi-Deutschlands gegen die deutsche Elf beständig gewannen. Das Dynamo-„Start"-Team war der deutschen „Flakelf" haushoch überlegen. Das Ereignis ging als „Todesspiel" in die Annalen ein, weil einige „Start"-Spieler danach plötzlich verschwanden ... (siehe Kapitel „Totalniy Futbol" auf Seite 104). So himmelblau wie die National- und Vereinsfarben ist auch die neue Bestuhlung. Von Weitem könnte man meinen, es handele sich um ein riesiges Schwimmbad.

› **Стадіон Динамо імені Валерія Лобановського**, Metro: Majdan, dann weiter zum Europaplatz. Eingang an der Wul. Hruschewskoho 3, durch die zweireihige Eingangskolonnade, Besichtigung nur im Rahmen einer gebuchten Tour, Tickets und Spiele siehe Kapitel „Totalniy Futbol" auf Seite 104.

㉟ Marijinskyj-Palast ★★ [P11]

Zarin Elisabeth I. beauftragte ihren Hofarchitekten aus Sankt Petersburg, Bartolomeo Rastrelli, mit dem Bau einer kleinen „Versailles-Kopie" in der von ihr so geliebten Stadt Kiew. Den opulenten, 1752 fertiggestellten Barockpalast kann man leider nicht bzw. nur mit Ausnahmegenehmigung über den Veranstalter „Interesnyj Kiew" (s. S. 120) besichtigen. Aber auch von außen ist der Anblick berückend.

Anfang des 19. Jh. brannte ein Teil des mit korinthischen Säulen, aufwendigen Skulpturen und riesigen Treppenaufgängen versehenen Ensembles ab. 1870 ordnete Zar Alexander II. an, den Palast anhand von alten Skizzen wieder aufzubauen. Von 1917 bis 1920 wurde er als militärisches Hauptquartier benutzt. 1920 gehörte das Gebäude zur Hochschule für Landwirtschaft. Im Zweiten Weltkrieg wurde der einzige noch verbliebene „Zarenpalast" der Stadt beschädigt und erst viel später, 1982, restauriert. Zu der Zeit wurde eigens für Leonid

☐ *Der Marijinskyj-Palast wird derzeit renoviert*

Europaplatz und Dnepr-Ufer

EXTRATIPP

Dnepr-Metrofahrt

Wer zunächst nicht der weiteren Route folgen möchte, sondern Kiew aus einer völlig neuen Perspektive erleben will, dem sei eine Fahrt mit der roten Linie der Metro ans Herz gelegt. Vom Marijinskyj-Palast geht man zur Metrostation Arsenalna (s. S. 10), der tiefsten Station der Welt mit einem der schönsten Pavillons, und fährt zur Haltestelle Dnipro. Sie wurde 1960 in Betrieb genommen und zum Inbegriff sowjetischen Fortschrittsglaubens. Seit 1965 schmücken zwei monumentale Skulpturen den technisch aufwendigen Dnipro-Pavillon. Der Pionier mit der Sputnik-Rakete und die Pionierin mit den Tauben symbolisierten die leuchtende Zukunft der Sowjetunion: „Technischen Fortschritt" und „Frieden".

Nach der Fahrt über die 350 Meter lange und 14 Meter breite Metrobrücke erreicht man den Hidropark (s. S. 84). Von dort geht es auf dem gegenüberliegenden Gleis zurück Richtung Innenstadt. Aussteigen (jedoch nicht hochfahren) sollte man an der Station Teatralna. Sie wurde erst 1987 fertig gestellt und erhielt zunächst den Namen „Leninska".

Das sehenswerte unterirdische Vestibül wurde mit demselben Porphyr-Stein verkleidet, der auch das Lenin-Mausoleum in Moskau in tiefrote Feierlichkeit hüllt. Eine gemalte Theaterloge ist an die Stelle der Lenin-Büste getreten, die im Rahmen der Entsowjetisierung Kiews an einem unbekannten Ort entsorgt wurde.

Weiter geht es bis zur 1963 erbauten Station Schuljawska, die anfänglich „Bolschewik" hieß und ganz im Zeichen der Werktätigenverherrlichung stand. Ein einzigartiges Mosaik und Schmuckbänder zeugen davon. „Arbeit, Brüderlichkeit und Gleichheit" steht dort noch heute geschrieben. Von dem Wort „Kommunismus" sind nur mehr die vorgestanzten Lettern geblieben … Der Pavillon ist von außen sehr interessant. Mit der roten Linie geht es wieder zurück zur Station Arsenalna, von wo aus die Kiew-Besichtigung fortgesetzt werden kann.

Breschnew ein Fahrstuhl eingebaut. Heute finden hier feierliche Bankette und Empfänge des Präsidenten statt. Ins „Grüne Separee" wurde seinerzeit auch Gerhard Schröder geladen.

Gleich neben dem Palast befindet sich das ukrainische **Parlament** *(Werchowna Rada),* eines der gelungensten Gebäude der Stadt. Es besticht durch klassische Einfachheit und bietet Platz für 1300 Delegierte.

Der stadtnahe **Marijinskyj-Park** mit Orangerien, Pavillons und viel frischem Grün ist herrlich schattig und bietet schöne Ausblicke. Es gibt Pläne, den Palast als Museum wieder der Öffentlichkeit zugänglich zu machen.

> Маріїнський палац, Wul. Hruschewskoho 5a, Metro: Arsenalna

㊱ Nationalbank der Ukraine ★ [011]

Es gilt als eines der schönsten Bankgebäude Europas. An dem Architektenwettbewerb um den Bau einer ukrainischen Nationalbank im Jahr 1901 hatte auch Vladyslaw Horodezkyj teilgenommen. Den Auftrag bekam aber schließlich Alexander Kobelew. Die streng geometrische, elegant karminrote Fassade konzipierte er als Palazzo der Renaissanceepoche. 1934 wurden noch zwei Etagen aufgestockt. Im selben Stil gehalten, kann man den „Anbau" mit dem bloßen Auge kaum erkennen.

Die großflächige Fassade schmücken Marmorsäulen, Ornamente und

KURZ & KNAPP

Lipki

Der vornehme Stadtteil Lipki wurde Anfang des 19. Jh. das Kiew der Aristokraten und das ist er bis heute geblieben. Das Wort „Lipki" kommt von „Lipa" („Linde") und bezieht sich auf die an dieser Stelle im 18. Jh. vorkommenden Lindenhaine. Idyllisch lagen sie zu jener Zeit zwischen Weinbergen, grünen Auen und rauschenden Bächen. Architektonisch ist dieser wohl schönste Stadtteil Kiews besonders interessant. Lipki war und ist auch das administrative Viertel Kiews. Viele der prachtvollen Jugendstilvillen der Adligen und Kaufleute beherbergen heute staatliche Einrichtungen (siehe Exkurs „Die Deutschen … und der Jugendstil" auf Seite 28).

griechische Götter und Göttinnen wie Hermes, Demeter und Athene. Imposant sind auch die Türme an den Gebäudeecken, die von riesigen Greifen gestützt werden. Der Greif ist ein aus Tierkörpern gebildetes Mischwesen, dem man in der antiken Mythologie die Bewachung der Goldschätze anvertraute.

Die Bauarbeiten dauerten drei Jahre. Zusätzlich zu der Zentralheizung wurde ein Ventilatorensystem eingebaut, das den Rosenduft aus dem Garten „inhalierte".

› **Національний Банк України,** Wul. Instytutska 9, Metro: Chreschtschatyk

◁ *An der Fassade der Nationalbank finden sich Elemente der venezianischen Gotik*

Europaplatz und Dnepr-Ufer

❸ Haus mit Chimären ⋆⋆ [011]

Der Bau von Vladyslaw Horodezkyjs Privatpalais geht auf eine Wette zurück. Sein Architektenkollege Alexander Kobelew hatte nicht glauben wollen, dass der Bauherr es schaffen würde, in solch steiler Hanglage ein stabiles, mehrgeschossiges Gebäude zu errichten.

Der Bauherr gewann die Wette und verewigte sich mit einem spektakulären, vorne drei- und zum Abhang hin sechsstöckigen Fantasiehaus. Es gelang durch Bohrdruckpfähle, auf denen das Fundament ruht. Innovativ und einzigartig sind auch die überbordenden Skulpturverzierungen. An der Fassade entlang ranken sich mythische Fabelwesen und die Tiere Afrikas, die der auch als Innenarchitekt,

△ *Das Meisterstück des „Kiewer Gaudí", der 30 Jahre lang hier lebte*

Kostüm- und Lampendesigner arbeitende Architekt aus Qualitätszement gießen ließ. Auch das war „state of the art" zu jener Zeit. Den Zement stiftete ein Kiewer Bauunternehmer, der sich von dem Prestigeobjekt Nachfolgeaufträge versprach. Seinem 1911 veröffentlichten Reisetagebuch „Im Dschungel Afrikas" entnahm Horodezkyj die Skizzen von Elefanten, Antilopen oder Krokodilen. Safaris und Jagd waren seine Lieblingsbeschäftigungen. Im Innern ist das „Haus mit Chimären" nicht weniger effektvoll und aufwendig dekoriert. Kachelöfen und Malereien, das Meeresbodenvestibül, ein Delfinkronleuchter, ein Marmortreppenhaus, ein Kuhstall (im Innenhof!), ein Weinkeller, elektrisches Licht und heißes Wasser machten die Wohnungen zu Luxusenklaven. Doch nur die Zehn-Zimmer-Wohnung im Erdgeschoss bewohnte der große Meister selbst. Alle anderen Wohnungen musste er vermieten, bevor er schließlich gezwungen war, das An-

Vladyslaw Horodezkyj – Chimären jenseits von Afrika

Vladyslaw Horodezkyj (1863-1930), einer der wichtigsten Architekten Kiews, war ein Exzentriker erster Güte. Als Sohn einer polnischen Familie in der Ukraine geboren, studierte er an der Kaiserlichen Akademie der Künste in St. Petersburg und hinterließ in Kiew neben seinem **Haus mit Chimären** ❸❼ drei bedeutende, sehr unterschiedliche und nur teilweise im Jugendstil entworfene Bauten:

Nationales Kunstmuseum. Das einem antiken Tempel nachempfundene Gebäude ist ein Paradestück klassizistischer Baukunst. Ein Sechssäulenportikus mit dorischen Säulen, Triglyphen und Metopen schmückt das wuchtige Gebäude. Zwei große Löwen empfangen den Besucher zur Rechten und zur Linken des Eingangs (s. S. 55).
› Mychajla Hruschewskoho Wul. 6, Metro: Chreschtschatyk

Die Nikolauskirche. Die für Kiew untypische römisch-katholische Nikolauskirche ließ 1899 die reiche polnische Gemeinde errichten. Horodezkyj wählte für den gotischen Zwei-Turm-Bau Materialien wie Stahlbeton, Stuck und Keramikfliesen. Das war seinerzeit sehr progressiv. Auch diese Fassade ist reich geschmückt, in diesem Objekt mit Fensterrosen, Türmchen, Blättern und Heiligenskulpturen. Heute ist hier das Haus für Orgel- und Kammermusik untergebacht (s. S. 75).
› Wul. Tscherwonoarmijska 75, Metro: Pl. Lwa Tolstoho

Die **Karäer-Kenasa-Synagoge** wurde 1902 fertiggestellt. Heute fehlt die Kuppel des ohnehin unbedingt sanierungsbedürftigen, nur über eine riesige Etage verfügenden Sakralbaus. Das seinerzeit im modernen maurischen Stil errichtete Gebetshaus der Karaimen (eine türkische Minderheit jüdischen Glaubens) hat eine mit Stuck und imitierter Steinschnitzerei reich verzierte Fassade und ein monumentales Portal.
› Jaroslawiw Wal 7, Metro: Soloti Worota

Auch ein kleines klassizistisches **Mausoleum** auf dem Friedhof des Wydubyzkyj-Klosters ❹❸ trägt Horodezkyjs Handschrift. 1996 wurde die Straße zwischen dem Majdan ❷❻ und dem Haus mit Chimären ❸❼ nach ihm benannt. In dieser Straße konnte sich der vielseitige Meister außerdem mit dem Innenausbau des Iwan-Franko-Theaters verewigen. Zusammen mit Eduard Bradtman und Georg Schleifer aus Deutschland entwickelte er den von ihnen importierten Jugendstil (s. S. 28) weiter. So tragen auch die beiden Prestigehäuser mit den Hausnummern 11 und 13 seine Handschrift. Ein **Horodezkyj-Denkmal** befindet sich in der Chreschtschatyk-Passage. An einem Tisch sitzt dort der große Architekt und gönnt sich ein Tässchen Kaffee ...

Horodezkyjs hedonistischer Lebensstil führte schließlich 1913 zum Verkauf seiner Privatvilla. 1920 verließ er Kiew für immer und emigirierte nach Warschau. Acht Jahre später, 1928, nahm er einen lukrativen Auftrag im Iran an. Er entwarf den Schahpalast in Teheran und starb 1930 fernab der Heimat. Auf seinem Grabstein stehen nur zwei polnische Wörter: „Profesor architektury".

wesen zu verkaufen. Es gehört heute dem Regierungsapparat.

> Будинок з химерами, Bankowaja Wul. 10, Metro: Chreschtschatyk, Führungen sehr sporadisch und wenn, dann nur am Wochenende und nur über „Interesnyj Kiew" zu buchen (s. S. 120). Ausweis mitnehmen!

38 Haus der weinenden Witwe ★   [O12]

Ein weiteres architektonisches Jugendstilkleinod mit besonderer Geschichte steht ein paar Meter weiter. Das zweigeschossige Herrenhaus wurde 1907 im Auftrag des Kaufmanns Serhij Arschawskyj von dem deutschen Architekten Eduard Bradtman erbaut. Die Insignien des Bauherrn (S. A.) finden sich an einem der Balkone der vier unterschiedlich gestalteten Fassaden. Labradorfelsen, Granit, Kunststein, (olivfarbene) Fliesen, Risalit, Ziegel und geschmiedetes Metall sind nur einige der Material- und Stilelemente. Namensgebend ist das „Witwen-Relief". Ein Frauenkopf ziert eine der Fassaden dieser herrschaftlichen Villa. Wenn es regnet, laufen der Schönen die Regentropfen wie Tränen über die Wangen. Seit 1918 gehört das Haus dem Staat, der dort Regierungsbüros untergebracht hat.

> „Будинок вдови, що плаче", Wul. Ljuteranska 23, Metro: Chreschtschatyk. Das Haus mit Chimären 37 und das Haus der weinenden Witwe werden seit dem Euromajdan (s. S. 96) von der Polizei bewacht. An der Straßensperre sollte man mit dem Wort „Turisty" versuchen, vorbeizukommen. Meist klappt das auch.

> Anklagend ragt das Babyn-Jar-Monument in den Himmel

Entdeckungen außerhalb des Zentrums

Die malerische Umgebung Kiews ist gespickt mit historisch bedeutsamen Plätzen. Ein Ausflug ins Grüne lohnt sich, obwohl die Anreise mit öffentlichen Verkehrsmitteln meist etwas komplizierter ist.

39 Babyn Jar ★★   [D5]

Seit Jahrzehnten ist Babyn Jar (Babi Jar) ein Synonym für Holocaust, ein Ort des Gedenkens für Juden aus aller Welt. Allein 34.000 Juden wurden in der „Weiberschlucht" am 29. September 1941 von den Nationalsozialisten zusammengetrieben und erschossen. Es handelte sich vorrangig um alte Frauen und Kinder. Insgesamt liegen hier mehr als 100.000 Menschen begraben, die als „Feinde des Dritten Reiches" gebrandmarkt und während der Besetzung Kiews eliminiert wurden, darunter auch nicht-

Architektur der 1920er-Jahre und was von ihr übrig blieb

*Liebhaber sowjetischer 1920er-Jahre-Architektur finden in Kiew punktuell noch einige (wenige) Relikte aus jener Zeit. Sie sind über die Stadt verstreut, doch zwei davon sind leicht zu finden: Der frühere **Arbeiterklub** liegt auf dem Weg eines jeden Kiew-Reisenden. Am Kontraktplatz ㉕ sticht die Eleganz des früheren Arbeiterklubs sofort ins Auge. Verlässt man die Metrostation Arsenalna beispielsweise auf dem Weg zum Höhlenkloster, sieht man zur Linken den Wohnkomplex der Waffenfabrik liegen.*

★2 *[N7]* ***Arbeiterklub „Pischtschewik"****, Kontraktowa Ploschtscha 10, Metro: Kontraktowa Ploschtscha. Auf dem Platz bilden das Klubhaus und das klassizistische Bibliotheksgebäude in ihrer Wechselwirkung ein ausgewogenes Ensemble. Heute dient der konstruktivistische Prachtbau als Kindermusiktheater. Die Rotunde dieses Juwels ist in der sowjetischen Architektur der Moderne einzigartig. Die auffallenden Segmentböden an der Außenfassade finden sich auch im Inneren. Architekt: Nikolaj Schechonin, 1931-1933.*

★3 *[E9]* ***Kulturpalast „Metallist"****, Pr. Peremohy 38, Metro: Schuljawska. Das Besondere an dieser sanierungsbedürftigen Hinterlassenschaft sind die ausgefallenen Fassadenproportionen, die durch die Verblendung des Rauhputzes mit Stein noch mehr betont werden. Eine sehr eigene Interpretation der Revolutionsarchitektur. Architekt: I. I. Mojsewitsch, 1928-1933.*

★4 *[R12]* ***Wohnkomplex der Waffenfabrik****, Wul. Iwana Masepy 4, Metro: Arsenalna. An der Konstruktion dieses riesenhaften Wohnensembles erkennt man noch die Grundprinzipien der Moderne, aber auch alle Merkmale des ar-*

jüdische Ukrainer. Seit 1976 erinnert ein düsteres, als Menschentraube geformtes „Monument zu Ehren der gefallenen sowjetischen Bürger" an dieses traurige Kapitel. Die getöteten Juden werden nicht erwähnt. Erst 1991 kam dann ein separates Menorah-Denkmal hinzu. Geplant ist der Bau eines Museums, auch wenn seit den Kriegshandlungen 2015 mehrere tausend Juden emigriert sind. In Kiew ist ein kleines, privat finanziertes Städtchen für jüdische Binnenflüchtlinge entstanden (Anatevka). Heute leben noch etwa 17.000 Juden in der Stadt. Erschreckend, dass Babyn Jar nur drei Metrostationen vom Zentrum entfernt liegt bzw. lag.

› **Бабин Яр**, Metro: Dohoroschytschi, Ausgang links nehmen und rechts halten, zur Menorah führt der Metroausgang rechts, geöffnet: 24 Stunden. Von hier aus erreicht man nach einem kurzen Fußmarsch auch die Kyrillkirche.

㊵ Kyrillkirche ★★ [G3]

Sie wird nicht umsonst als heißer Kandidat für die Aufnahme in die Liste des UNESCO-Weltkulturerbes gehandelt. Wie alle anderen Kirchen in Kiew erlebte auch das im 12. Jh. zu Ehren des Hl. Kyrill errichtete Gotteshaus vielfache Zerstörung und Wiederaufbau. Nahezu unversehrt geblieben sind jedoch auch aufgrund der vom Zen-

chitektonischen Revisionismus nach 1932. Die eingerückten Säulen ohne Kapitell und Basis erinnern an die Entwürfe von Iwan Fomin, der sich nicht scheute, Anleihen aus dem Klassizismus zu übernehmen. Der Wohnkomplex wird im Volksmund „das Flugzeug" genannt, handelt es sich doch um einen lang gezogenen Baukörper mit zwei Flügeln. Architekt: Josif Karakis, ca. 1935.

★5 *[N12]* **Wohnkomplex der Miliz,** Wul. Kruglouniwersytetska 2/1, Metro: Pl. Lwa Tolstoho. Der ockerfarbene, inzwischen beinahe verfallene Wohnblock auf einem Hanggrundstück in der Nähe des zentralen Marktplatzes entstand in der Endphase der Moderne und spiegelt schon den Richtungswechsel wider. Verspielte Details und vage klassizistische Elemente verwässern die Klarheit des Grundkonzepts, folgten aber damit Stalins neuen Vorgaben. Architekt: P. F. Sawitsch, 1933-1935.

★6 *[K9]* **Wohngenossenschaft sowjetischer Ärzte,** Wul. Welyka Schytomyrska 17, Metro: Soloti Worota. Es ist eine Ikone. Zwischen 1928 und 1930 entwarf ein ukrainischer Architekt dieses Wohnhaus für die „Ärztekooperative", das erste Gebäude in Kiew mit Solarzellen auf dem Dach. Der ausgeklügelte Grundriss ließ keine Wünsche offen: Bibliothek, Kühlkammer, Einbauschränke. Kein Wunder, dass der Architekt bis Mitte der 1990er-Jahre selbst hier wohnte. Die aufwendig gestaltete, sanft geschwungene Fassade aus zweierlei Arten Ton macht diese einstmals feine Adresse zu einem der raffiniertesten Gebäude der 1920er-Jahre-Architektur überhaupt. Der Wohnkomplex ist noch fast in seinem ursprünglichen Zustand erhalten, aber – das ist die Kehrseite – dringend sanierungsbedürftig. Architekt: Pawel Aljeschin, 1927-1930.

trum entfernten Lage die **einzigartigen Fresken aus dem 12. Jh.** und die von niemand Geringerem als **Michail Wrubel** ergänzten Malereien aus dem 19. Jh. auf einer Fläche von 800 Quadratmetern. Links die Treppe neben dem Eingang hinauf taucht man auf dem Chor in die faszinierende Bilder- und Mythenwelt seiner Meisterstücke ein. In keiner anderen Kirche legte der geniale Meister selbst Hand an.

❯ Кирилівська церква, Wul. Olena Telehy 12, Metro: Dohoroschytschi, dann mit dem Trolleybus 13 oder 27 die große Straße bis „Kirillowska Zerkwa" fahren oder mit dem Taxi anreisen, Tel. 4351126, geöffnet: Sa.–Do. 10–18, Do. nur bis 17 Uhr

㊶ Meschyhirja – Volksmuseum der Korruption ★★★

Zu Besuch in den Privatgemächern eines Autokraten – wo gibt es das denn? Vor den Toren Kiews residierte von 2010 bis 2014 der damalige Präsident **Wiktor Janukowitsch.** Seit seiner Flucht Anfang 2014 weiß nun jeder Ukrainer, warum die Staatskassen leer sind. Das 140 Hektar große Anwesen samt **Luxusschloss, Oldtimersammlung, Fasanerie, Pferderennbahn und Segeljacht** ist seither für die Öffentlichkeit zugänglich. Das „Honka" genannte Holzschloss ist nur im Rahmen einer Führung zu besichtigen. Carrara-Marmor, Intarsien-Par-

Entdeckungen außerhalb des Zentrums

kett, goldene Wasserhähne, Gemälde, Skulpturen und Stoffpuppen mit dem Konterfei des größenwahnsinnigen Ex-Staatsmannes machen diesen Ort zu einem echten „Volksmuseum der Korruption".

In einem der Teiche fand man fast **200 geheime Dokumente**, die der geschasste Präsident dort versenkt hatte. Deren Inhalt kann man jetzt dank findiger Spürnasen auf einer Website lesen (http://yanukovych-leaks.org).

› Межигір'я, Ivana Franka Wul. 19, Nowi Petriwzi, Metro: Herojiw Dnipra, dann Ausgang links, dann nach der Marschrutka nach Meschyhirja fragen, alternativ von der Metro Pochajna, www.mnp.org.ua, tägl. 8–19 Uhr
› Eintritt: Park 4 €, Honka 12 € (nur mit Tourguide möglich, Buchung über info@mnp.org.ua, stündlich Marschrutki ab Majdan)
› Eine **Fahrt mit dem Elektromobil** über das gesamte Areal lohnt in jedem Fall (ab Haupteingang) und kostet 4 €.
› **Tour mit Auto, Guide und exklusivem Zugang zur Honka** im Voraus zu buchen über: www.kievfriendly.com/mezhyhirya-tour (ca. 90 €)

㊷ Pirohowo – Freilichtmuseum für Volksarchitektur ★★

Wer Lust auf eine Landpartie hat und immer schon wissen wollte, wie es ist, mit einer Zeitmaschine im 16. Jh. zu landen, der kann vor den Toren der Stadt fündig werden. Auf einem 150 Hektar großen Areal sind dort über 300 Originalbauten aus dem 16. Jh., die aus den verschiedensten Regionen der Ukraine hierher gebracht wurden, harmonisch angeordnet. Auf diese Weise ist ein weitläufiges, authentisches Dorf entstanden, mit allem, was dazu gehört: Kirchen, Bauernhäuser, Tierställe, Getreidespeicher, Glockentürme, Dorfschulen, Katen, Schmieden und Brunnen. Die herrliche, abwechslungsreiche Landschaft mit Wiesen und Wäldern, Tei-

Janukowitschs Schloss wurde nach dem finnischen Holzhausbauer Honka benannt

Ein Stück Holland mitten in der Ukraine: Pirohowo

Entdeckungen außerhalb des Zentrums 47

chen und Kirschbaumgärten wird dominiert von 17 kleinen und großen Windmühlen, die trotz aller Gebrechlichkeit noch funktionieren und deren vergänglicher Zauber anrührt. In einigen Kirchen werden noch Gottesdienste abgehalten.

Seit 1976 existiert dieses Museum fernab der Welt. Es empfiehlt sich, das Areal im Rahmen einer Führung zu erkunden. Aber auch auf eigene Faust kann man die Zeugnisse der Volksarchitektur auf sich wirken lassen. Das bäuerliche Leben wird noch realer, wenn man die Originalwerkzeuge, die traditionelle Kleidung, die Keramik, die Töpferwaren und die Möbel im Inneren der Behausungen sieht. Der zentrale Ort war immer der Ofen, mit dem geheizt, gekocht und getrocknet wurde.

Auf dem Gelände gibt es viel Platz für Picknick, ukrainische Schenken locken mit kleinen Leckerbissen und Pferdekutschen stehen ebenfalls zur Verfügung.

› **Пирогово - Музей народної архітектури**, Tscherwonoproporna, Pirohowo, 12 km südlich von Kiew, Metro: Woksalno (Ausgang Ibis Railway), dann Marschrutka Nr. 507, Tel. 5265787, http://pirogovo.org.ua, geöffnet: tägl. 10–18 Uhr, Park bis 21.30 Uhr, Kasse bis 17 Uhr, Eintritt: 4 €

❹❸ Wydubyzkyj-Kloster ★★ [T18]

Ab dem 12. Jh. war das poetische, sagenumwobene Wydubyzkyj-Kloster eines der kulturellen und religiösen Zentren des Landes und ist heute ein Männerkloster.

Es liegt an der schmalsten Stelle des Dnepr malerisch auf einem Hügel. An dieser Stelle soll die Holzstatue des heidnischen Donnergottes Perun, die Fürst Wladimir während seiner Regentschaft im 10. Jh. in den Fluss geworfen hatte, wieder aufgetaucht sein. Um einer heidnischen Pilgerstätte vorzubeugen, befahl der orthodoxe Metropolit, eine Holzkirche zu bauen. Die Originalkirche stürzte jedoch den Abhang hinunter, eine neue Steinkirche wurde im 18. Jh. im ukrainischen Barockstil erbaut. Deren Korpus umschließt noch heute die Ziegelstein-Grundmauern der alten Kirche. Geblieben ist auch das Mosaik über dem Eingang.

Die weiße, mit Zierleisten, Simsen und Pfeilern reich verzierte Kirche des heiligen Georg mitsamt dem Refektorium stammt aus dem 17. Jh. Der Glockenturm ist eine interessante Mischung aus ukrainischem Barock und einer klassizistischen Kup-

pel. Auf dem Friedhof ruhen unter einem Marmorkreuz unter anderem die Gebeine des Mäzenen-Ehepaares Chanenko und des Anatomen Wladimir Bez.

> Видубицький чоловічий Монастир, Wul. Tymirjasjewska 1, Metro: Petscherska, dann mit dem Bus 62 oder Trolleybus 38 bis zur Endstation. Als Alternative geht man hinter der Statue „Mutter Heimat" den Weg hinunter zum Ufer, bis man zum Bus Nr. 54 gelangt, der zum Kloster fährt. Wer weniger gut zu Fuß ist, lässt sich mit dem Taxi zum Wydubyzkyj-Kloster bringen. Gleich neben dem Kloster liegt der Seiteneingang zum Botanischen Garten (s. S. 82). Tägl. 7.30–18.30 Uhr.

㊹ Nationales Museum der Geschichte der Ukraine im Zweiten Weltkrieg ★★★ [T16]

Bombastisch ist an diesem Museum nicht nur der schon von Weitem erkennbare „Fuhrpark" mit Flugzeugen, Hubschraubern, Kanonen und ca. 35 Panzern unter lichten Tarnnetzen. Imposant auch die Marschmusik und die 62 Meter hohe, den Sieg über den Faschismus verkörpernde Titanstatue „**Mutter Heimat**", von deren Plattform aus man einen spektakulären Blick über Kiew hat. Vom zweiten Stock des Museums fährt ein Lift zwei Plattformen an. Wer höher will, muss klettern. Die riesenhafte, mit Schwert und Schild ausgestattete Dame ist das größte Monument der Ukraine. Die klobige Statue mit einem Gesamtgewicht von 530 Tonnen begrüßt jeden Besucher schon von ferne, wenn man vom Flughafen in die Stadt kommt.

Die Eingangshalle empfängt den Besucher mit unzähligen, auf Propellerblättern drapierten Fotos von Gefallenen. Im Erdgeschoss des im Jahr 1982 auf Anregung von Leonid Breschnew errichteten Neubaus steht man vor illustren Exponaten wie etwa einem BMW-Motorrad von 1939 (Modell P12), einem abgeschossenen Flugzeug mit gezogenem Fallschirm oder detaillierten Karten mit den Frontlinien ab dem Jahr 1941 und rot markierten Besatzungsposten in der gesamten Ukraine. Ein Diorama zeigt die Eroberung des Reichstags in Berlin. In einem Saal wird der aktuelle Krieg im Donbas thematisiert. Zwei Aussichtsplattformen sind über jeweils einen Fahrstuhl zu erreichen, das letzte Stück geht es (angeseilt!) zu Fuß weiter, bis man oben im Schild der Statue angekommen ist. Allerdings muss man auch wieder hinunter ...

Im Hochsommer sollte man auf dem Weg zum Museum an eine Kopfbedeckung denken.

> Національний музей історії України у Другій світовій війні, Wul. Lawrska 24, Metro: Arsenalna, weiter Bus 24, Tel. 2859452, www.warmuseum.kiev.ua (mit virtuellem Rundgang), geöffnet: Mo.–Fr. 10–18, Sa./So. 10–19 Uhr (Kasse schließt um 17 bzw. 18 Uhr), Eintritt: 2 €, Klettern in Begleitung 12 €

㊺ Expocenter ★★

Für Liebhaber sowjetischer Architektur lohnt eine Stippvisite auf dem ehemaligen Ausstellungsgelände der Errungenschaften der Sowjetrepubliken. Einige der pompösen Pavillons aus den 1950er-Jahren sind noch gut erhalten, Sowjetsterne inklusive. Es dominiert der Monumental- bzw. Zuckerbäckerstil, bei dem Türmchen, Säulen und Kuppeln eine wichtige Rolle spielen.

Das 300 Hektar große Areal wurde kürzlich saniert und bietet jetzt auch

Kinder- und Erwachsenen-Vergnügungen wie Kletterpark, Spielplätze, Freibad (Hip Summer Pool), 3D-Galerie mit Selfie-Spot, Roboterausstellung, Fahrradverleih, Konzerte und Chill-Out-Zonen.

❯ Національний виставковий комплекс, Pr. Akademia Hluschkowa 1–5, Metro: Wystawkowyj Zentr, dann weiter mit Minibus 458 oder 726, https://vdng.ua, geöffnet: Mo.–So. 9–18 Uhr

㊻ Tschernobyl ★★

Ein Ausflug in das Hiroshima der Ukraine ist auf eigene Faust nicht möglich. Hat man den Tagestrip (mit Lunchpaket!) gebucht, erreicht man nach zwei Autostunden die Stadt **Pripjat**, aus der 49.000 Menschen evakuiert werden mussten, als 1986 im nahe gelegenen Atomkraftwerk der Reaktor Nr. 4 explodierte und zum ersten Riss in der Berliner Mauer werden sollte. In Pripjat ist es mucksmäuschenstill, verwaiste Spielplätze, Häuser, aus denen die Menschen in Eile geflohen sind.

Seit Anfang 2019 gibt es auch den XXL-Sarkophag zu bestaunen, der über den Reaktor gerollt wurde. Die Strahlendosis auf dem Areal ist uneinheitlich, übersteigt aber während eines Besuchs nicht 0,04–0,1 Millisievert, was der Strahlungsbelastung eines 8-Stunden-Flugs entspricht. Die Tour muss 10 Tage im Voraus gebucht werden (s. S. 120), kostet ab 80 € pro Person und dauert den ganzen Tag. Es gibt Pläne, die Sperrzone künftig sogar für die Gewinnung von Ökostrom zu nutzen.

❯ Чорнобиль

▷ *Einer der Pavillons im Expocenter*

Neue Kiewer Architektur oder die Geister, die man rief ...

Auch in Kiew ist nicht alles Gold, was auf den ersten Blick so herrlich glänzt. Da es keinen Masterplan zur Wahrung des historischen Erbes bei gleichzeitiger Berücksichtigung der aktuellen Probleme (Nahverkehrschaos, soziale Wohnungsnot) gibt, entstehen überdimensionierte Büro- und Wohntürme und XXL-Einkaufszentren. Scheinbar ohne Rücksichtnahme auf Denkmalschutz oder Stadtplanung entscheidet das Kapital über den Bau neuer Objekte, die einige wenige „Klanarchitekten" dann realisieren dürfen. Beim Bau der neuen Fußgänger- und Radfahrbrücke, die gerade erst in schwindelerregender Höhe über dem Wolodymyrskyj-Stieg (Uswis) errichtet wurde und den Wladimir-Hügel mit dem Chreschtschatyj-Park und dem Bogen der Völkerfreundschaft ❷ verbindet, schaltete sich unlängst die UNESCO ein. Der Welterbestatus sei in Gefahr, aber nicht etwa wegen der Brücke, sondern wegen eines unterhalb der Brücke geplanten Einkaufszentrums!

Die Idee, Architekten aus dem Westen zu holen, wird den kapitalistischen Wildwuchs vermutlich auch nicht aufhalten. Für den Bau eines Revolutionsmuseums, das hinter dem Majdan ㉖ in der Instytutska Wuliza geplant ist, erhielt das Berliner Architekturbüro Kleihues + Kleihues den Zuschlag. Eine weitläufige Rampe soll um einen eckigen Museumsbau nach oben zu einer Terrasse führen, die den Blick auf den Majdan freigibt. Dort oben ist der Eingang zu dem neoklassizistisch anmutenden, von dünnen Pfeilern umstellten Glastempel, in dem die Artefakte der Revolution wie etwa Katapulte, Helme, Zelte, Fotos, Autoreifen etc. ausgestellt und ein 3D-Panorama mit Originalfilmmaterial installiert werden sollen.

Es scheint jedoch noch zu früh, ein solches Museum zu planen, da die Schussrichtungen der Scharfschützen in den laufenden Prozessen noch rekonstruiert werden müssen. Die Angehörigen der Opfer der „Revolution der Würde" begnügen sich derweil mit ummauerten Nischen und Holzkreuzen am Straßenrand. Die Artefakte werden derzeit in dem während der Revolution stark beschädigten Gewerkschaftsgebäude direkt am Majdan (zu erkennen an der quadratischen Uhr auf dem Dach) der Öffentlichkeit gezeigt. Im Rahmen der Sanierung wurde das Erdgeschoss des fast drei Jahre lang mit einem XXL-Plakat mit einer Kette und dem Slogan „Freedom is our religion" verhüllten Sowjetbaus als Ausstellungsfläche eingerichtet und ermöglicht schon jetzt eine Reise zurück in die kriegsähnlichen Zustände, die schließlich zu einer Abkehr von Russland und einem Aufbruch nach Europa führten.

› ***Museum of the Revolution of dignity:*** *http://www.maidan museum.org*

› ***3D-Panorama im Internet:*** *http://3d.maidanmuseum.org*

❶7 *[N10]* **Maidan Museum Information Center,** *Chreschtschatyk 18, Metro: Majdan, Di.-Sa. 11–18 Uhr (manchmal aufgrund von Veranstaltungen geschlossen)*

KIEW ERLEBEN

Kiew für Kunst- und Museumsfreunde

Neben den unzähligen Kirchen, Kathedralen und Klöstern findet man in Kiew außerdem ca. 30 zum Teil sehr sehenswerte und einzigartige Museen, z. B. die Wohnhausmuseen als eigene Gattung, und einige hochkarätige Galerien (Pinchuk Art Centre). Auch das neue Kunstmekka Art Arsenal sollten sich Liebhaber zeitgenössischer Kunst nicht entgehen lassen. Es ist in der alten Rüstungsfabrik gegenüber der Lawra untergebracht. Die Museen des Höhlenklosters sind im Kapitel „Kiew entdecken" beschrieben (s. S. 14).

Museen

8 [M7] Apothekenmuseum, Prytysko-Mykilska 7, Metro: Kontraktowa Ploschtscha, Tel. 4252437, geöffnet: Mo.–Sa. 9–16 Uhr, Eintritt: 1 €. Im Originalzustand erhalten ist diese erste Apotheke in Kiew aus dem Jahr 1728, in der auch heute noch Medikamente verkauft werden. In dem etwas schummrigen Keller des einstmals deutschen Inhabers gibt es ein Alchimistenlabor, eine Klosterzelle und allerlei seltsame Utensilien zu bestaunen.

◁ *Vorseite: „Autonomie" heißt dieses Streetart-Gemälde von Mata Ruta in der Metrostation Osokorky, auf dem eine Krimtatarin in ihrem Nationalkleid zu sehen ist*

㉔ [M8] Bulgakow-Wohnhausmuseum. Lange vor „Der Meister und Margarita" lebte der erst posthum berühmt gewordene russische Schriftsteller mit seiner Familie in diesem Privathaus in Kiew. Seine Heimatstadt und vor allem die Bürgerkriegserlebnisse 1918/1919 ließen ihn zeitlebens nicht mehr los, weder persönlich noch thematisch. Das schönste und eindrucksvollste Wohnhausmuseum der Stadt (s. S. 27).

9 [M12] Chanenko-Kunstmusem, Wul. Tereschtschenkiwska 15–17, Metro: Pl. Lwa Tolstoho, Tel. 2353290, www.khanenkomuseum.kiev.ua, geöffnet: Mi.–So. 10.30–17.30 Uhr, Eintritt: 50 Cent (Ausländer 3 €), neben dem Museum für russische Kunst. Bohdan und Warara Chanenko ist es zu verdanken, dass die größte Sammlung nichtrussischer Kunst in Kiew in deren opulenten Privatgemächern heute der Öffentlichkeit zugänglich ist. Kurioserweise finden sich hier viele Renaissancemeister, die Spanier Diego Velasquez und Juan de Zurbaran aus dem 17. Jh., aber auch chinesische Papyrusrollen und ägyptische Statuen.

10 [R13] Holodomor-Gedenkstätte, Lawrska Wul. 3, Metro: Arsenalna, Tel. 2544512, www.memorialholodomor.org.ua, geöffnet: tägl. 10–18 Uhr, Eintritt: 1 €. Im Park des Ruhmes entstand unter der Regie von Wiktor Juschtschenko 2009 eine Gedächtnisstätte der besonderen Art. Das Standbild eines kleinen, ausgemergelten Mädchens mit Ähren in der Hand steht ca. 15 Meter vor dem Eingang. Ins Herz des Komplexes gelangt man schließlich, indem man die Stufen entlang einer schwarzen Mauer hinabsteigt. Unter dem weißen Gedächtnisturm regnet es Namen, die wie ein Perpetuum mobile an die Wand geworfen werden. Dazu läuft pathetische

Kiew für Kunst- und Museumsfreunde 53

Musik. Es wird der rund 7 bis 10 Millionen Menschen gedacht, die 1932/1933 bei der größten Hungersnot der Ukraine ihr Leben verloren. Viele Staaten haben den Holodomor inzwischen als Genozid anerkannt. Im Mai 2019 wurde auf der Website des Deutschen Bundestags die Petition zur Anerkennung des Holodomor als Genozid veröffentlicht. Petition 89118 muss nun noch angenommen werden.

🏛11 [O14] **Kiewer Festung,** Wul. Hospitalna 24a, Metro: Palaz Sportu, www.kyiv-fortress.org.ua, geöffnet: tägl. 10–18, Fr. nur bis 16.45 Uhr, Eintritt: 1 €. Mitten im Wohngebiet liegt die Festung, der Eingang zwischen zwei Wohnhäusern. Düster ist dieser Ort, dunkel seine Geschichte. Als Militärgefängnis und Platz für Exekutionen diente die weitläufige Anlage den Zaren. Das Denkmal für die Teilnehmer der Revolution 1905–1907, aber auch das Krankenhaus und die restaurierten Befestigungswälle aus dem Jahr 1844, Munition und Waffen gehören zu dem imposanten und einzigartigen Ensemble.

🏛12 [K12] **Lesja-Ukrajinka-Wohnhausmuseum,** Wul. Saksahanskoho 97, Metro: Palats Sportu, Tel. 2891651, http://mvduk.kiev.ua, geöffnet: Mi.–Mo. 11–17 Uhr, geschl.: Di., Eintritt: 1 €. Seit 1962 ist das zweigeschossige Elternhaus der genialen ukrainischen Dichterin als Museum zugänglich. Die Originaleinrichtung und viele ihrer persönlichen Gegenstände lassen den Besucher in ein gutbürgerliches Umfeld Ende des 19. Jh. eintauchen. Hier entstanden Gedichte und Übersetzungen. Sobald die Lampen angemacht werden, sollte man zu der diensthabenden Babuschka „malo wremeni" („wenig Zeit") sagen, sonst erfährt man auch noch in aller Ausführlichkeit, welche Heldentaten Lesjas Cousin dritten Grades zu Lebzeiten vollbrachte ...

🏛13 [N8] **Museum einer Straße,** Andrijiwskyj Uswis 2b, Metro: Kontraktowa Ploschtscha, Tel. 4250398, http://onestreet.kiev.ua, geöffnet: tägl. 12–18 Uhr, Eintritt: 2 €. Um den Mythos zu verstehen, den der Andreashang und seine berühmten Bewohner umgibt, kann man sich in diesem kleinen, etwas angestaubt wirkenden Museum anhand von 5000 Einzelstücken (alte Spieltische, Stadtpläne und Devotionalien) einen Einblick verschaffen. Immerhin verband diese Straße die reiche Oberstadt mit dem ärmlicheren Händlerviertel Podil, und das viele Jahrhunderte lang.

㉘ [M12] **Museum für russische Kunst.** Ganz aus der Nähe darf man sich in dem interessanten, aber leider sanierungsbedürftigen Museum 700 Jahre alte Ikonen

◹ Die Mutter-Heimat-Statue thront auf dem Nationalen Museum der Geschichte der Ukraine im Zweiten Weltkrieg ㊹

Lesja Ukrajinka – Notre Dame d'Ukraine

Lesja, die Ukrainerin, wurde 1871 unter dem Namen Larissa Kossatsch in einem bürgerlichen, kunst- und kulturbeflissenen Umfeld geboren. Sie litt Zeit ihres Lebens an Tuberkulose und wurde schon als Zwölfjährige zu Operationen oder Erholungsreisen ins nahe und ferne Ausland geschickt. In den trockeneren Gefilden Deutschlands, Italiens, Österreichs und Bulgariens lernte sie Fremdsprachen und verfasste eigene Gedichte, Märchen und Balladen. Ihr Werk war geprägt von Reiseeindrücken, traditionellen Sujets und einer großen Sehnsucht nach Freiheit.

Neben dem Russischen als Umgangssprache konnte sie mit ihren Privatlehrern auch Ukrainisch lernen. Das Ukrainische wurde fortan ihr Lebenselixier. Sie verfasste Gedichte, Dramen und Essays, in denen Volkslieder und Volksmythen, Kampfeswille und Optimismus thematisiert wurden. Sie erhob ihre - ukrainische - Stimme gegen den Zar und unterstützte die radikale galizische Presse. Zwischenzeitlich wurde sie sogar verhaftet und stand später unter Beobachtung. Anfang des 20. Jh. schloss sich die Dichterin der sozialdemokratischen Bewegung an und übersetzte sozialistische und marxistische Texte von Lenin, Karl Marx und Friedrich Engels.

In den verschiedenen Wohnungen in Kiew, in denen sie meist mit ihrer Mutter lebte, arbeitete Ukrajinka an literarischen Übersetzungen und holte so die Weltliteratur in ihr Heimatland. Turgenjew, Dante und Shakespeare liegen heute noch in ihrer Übersetzung vor. Als ihre Lebenskraft mehr und mehr nachließ, hielt sie sich im warmen Ägypten auf, schrieb aber bis zu ihrem frühen Tod 1913 in Georgien weiter und liegt heute auf dem Bajkowo-Friedhof in Kiew begraben. Eine anmutige 10 Meter hohe Lesja-Skulptur aus schwarzem Labrador schmückt seit 1973 den Lesja-Ukrajinka-Platz.

Oksana Sabuschko, eine der wichtigsten ukrainischen Schriftstellerinnen der Gegenwart, hat das Schicksal der Nationaldichtern als Symbol für die Geschichte der Ukraine episch aufbereitet und 2009 als 600-Seiten-Roman mit Originalzitaten herausgebracht. Das Buch beginnt mit dem Satz „Wir sind Ukrainer und das sind unsere Helden." Der Titel ist französisch („Notre Dame d'Ukraine"), die Sprache selbstverständlich ukrainisch. Das hätte Lesja gefallen ...

◹ Der Streetart-Künstler (s. S. 100) Guido van Helten hat sich in der Striletzka Wul. verewigt

Kiew für Kunst- und Museumsfreunde

und schöne Gemälde ansehen (fotografieren aber nicht!). Nicht nur „Das Mädchen vor dem Perserteppich" (1886) entfaltet einen unwiderstehlichen Charme. Das weltberühmte Gemälde entstand während Michail Wrubels fünfjährigem Aufenthalt in Kiew. Aus der Zeit stammt auch sein Entwurf für eine Brosche, der aber nur zeitweise ausgestellt ist (s. S. 32).

㉓ [M8] **Museum für ukrainische Geschichte.** Gemälde, archäologische Funde, Bücher, Münzen, Modelle, aber auch eine Zarinnenkutsche sind hier unter einem Dach zu finden. Die stattliche Anzahl von 600.000 Einzelstücken aus der Steinzeit bis zur Gegenwart macht es dem Besucher nicht gerade einfach, eine Auswahl zu treffen (s. S. 26).

🏛14 [O10] **Nationales Kunstmuseum,** M. Hruschewskoho 6, Metro: Majdan Nesaleschnosti, Tel. 2781357, www.namu.kiev.ua, geöffnet: Di., Mi., So. 10–18, Fr. 12–19 und Sa. 11–19 Uhr, Eintritt: 40 Cent (Ausländer 3 €). Der berühmte Kiewer Architekt Vladislaw Horodezkyj baute dieses wie ein griechischer Tempel anmutende Museum Ende des 19. Jh. Ukrainisch hingegen ist die Kunst, die in 21 Sälen gezeigt wird. In der westlichen Welt nahezu unbekannte Ikonen, Gemälde und Skulpturen vom 14.–20. Jh. sowie an die 600 Werke des berühmten Nationalhelden und malenden Dichters Taras Schewtschenko, aber auch Bilder von Exter, Archipenko und Bohomasow werden hier gezeigt. Das Museum sorgte für Aufsehen, als sich dessen Mitarbeiter während des Euromajdan 2014 dort verschanzten, um den Bestand zu hüten. Es befand sich an der „Front" zwischen Polizisten und Demonstranten und trug einige Außenschäden davon.

㊹ [T16] **Nationales Museum der Geschichte der Ukraine im Zweiten Weltkrieg.** Die etwas pathetische, dem

> **EXTRATIPP**
>
> **Mosaiken im Hof**
> In den 1970er-Jahren hatte das Chanenko-Kunstmuseum (s. S. 52) einen Direktor, der neben seinen kuratorischen Fähigkeiten auch künstlerisch ambitioniert und überaus begabt war. **Wolodymyr Owtschinnikow** schuf im Hof des Museums (durch den Bogen bei Hausnummer 17 gehen) Wandmosaiken von ganz besonderer Güte und Größe. Der Undercover-Künstler kaufte die Materialien von seinem eigenen Geld und fertigte morgens, wenn alles schlief, im Laufe von zehn Jahren einzigartige Kunstwerke an, die er der Nachwelt hinterließ. Obwohl er das Museum 47 Jahre lang leitete, verbot man ihm, die Straßenfassade zu „verschönern", woraufhin er sich für die Hofmauern entschied. Thematisch war er nicht festgelegt: Eine ukrainische Madonna, die ein Kind säugt, Kerzen, Störche etc. sind bis heute wunderbar anzusehen. Auch vom Café Squat 17b im Hof rechts kann man einen Blick auf die Wände erhaschen. Außerdem gibt es dort Kaffee, Kuchen und Filmvorführungen ... Cool Kiev!

Sieg über den Faschismus gewidmete Ausstellung wird von der riesigen Statue „Mutter Heimat" überragt, von deren Plattform aus man einen spektakulären Blick über Kiew hat (s. S. 48).

㉗ [N10] **Taras-Schewtschenko-Wohnhausmuseum.** In einem verwunschenen Garten mitten in der Stadt liegt das kleine Holzhaus, in dem der bekannteste und größte Dichter der Ukraine einen Teil seines Lebens schreibend und malend verbrachte, bevor er als Zaren- und Regimekritiker 1847 nach Sibirien verbannt wurde (s. S. 32).

Kiew für Kunst- und Museumsfreunde

EXTRATIPP

Tschernobyl-Museum
Ein beklemmendes Gefühl empfängt den Besucher in diesem umfunktionierten Feuerwehrdepot. Im Eingang hängen Ortsschilder aus allen betroffenen Gegenden in der Nähe des Ortes Pripjat, in dem sich 1986 die Reaktorkatastrophe ereignete. Verwaiste Teddybären nehmen sich gegenseitig in den Arm, Kinderfotos und Gasmasken liegen in Vitrinen, eine Karte zeigt die Reichweite der Verstrahlung in der gesamten nördlichen Hemisphäre. Auf Bildschirmen laufen Vorher-/Nachherbilder und Interviews mit Augenzeugen. Man kann das Ausmaß der Katastrophe nur erahnen und erschaudert, wenn am Ausgang ein Ortsschilder wieder auftauchen. Sie sind schwarz durchgestrichen. Strahlungsfrei ist das Museum schon, aber nichts für schwache Nerven.

🏛 19 [N7] **Tschernobyl-Museum,** Prow. Chorywa 1, Metro: Kontraktowa Ploschtscha, Tel. 4175422, www.chornobylmuseum.kiev.ua, geöffnet: Mo.–Sa. 10–18 Uhr, geschl. am letzten Mo. im Monat, Eintritt: ca. 1 €, deutscher Audioguide ca. 3 €

🏛 15 [O10] **Wasserturm,** Wul. Mychajla Hruschewskoho 1b, Metro: Majdan, dann bis zum Europaplatz, Tel. 2795333, www.aqua-kiev.info, geöffnet: Mi.–Fr. 10–16, Sa./So. 10–17 Uhr, Eintritt: 2 €. 130 Jahre alt ist der schmucke Wasserturm, in dem heute das Wassermuseum untergebracht ist. Anhand der Exponate kann man den Weg des Wassers in die Kanalisation gut nachvollziehen. Neben einer künstlichen Grotte und interaktivem Regen gibt es auf Knopfdruck Naturgedichte und ein nachgebautes Klosett in XXL. Ein verrücktes Museum. Nicht nur, aber vor allem für Kinder.

Galerien

🎨 16 [L10] **It's not the louvr Gallery Bar,** Wul. Wjatschelawa Lypynskoho 4, Tel. 2357801, www.facebook.com/NOTtheLOUVR, geöffnet: Mi., So. 12–23, Do.–Sa. 12–2 Uhr. Kurz bevor die Radrennbahn auf der linken Seite auftaucht, erreicht man rechts diese coole Galerie-Bar im Souterrain. Um zu dokumentieren, dass es sich hier nicht um den Louvre handelt, hängen gleich am Eingang einige typveränderte Mona-Lisa-Bilder. Kunstinteressierte treffen hier auf Intellektuelle und Bohemiens. Zuletzt gab es Bilder von Sergey Ristenko zu sehen, der Kiew von oben mit einer Drohne fotografiert.

🎨 17 [L4] **Izolyatsia Foundation,** Nabereschno-Luhowa 8, Metro: Tarasa Schewtschenka, dann zu Fuß zum Hafen über die Oleniwska Wul., Tel. 4772620, https://izone.ua, geöffnet: Mo.–Fr. 10–18 Uhr (Izone mit Café Mo.–So. 10–20 Uhr). Hier schlägt das Herz der jungen ukrainischen Kunstszene. Als 2014 die selbsternannte „Republik Donezk" ihre Galerie in der alten Isoliermaterialfabrik konfiszierte, zog die Mäzenatin Luba Michailowa kurzerhand nach Kiew um. In der alten Schiffswerft treibt ihre „Plattform für kulturelle Initiativen" nun die wildesten Blüten. Man staunt, welch große kreative Kraft in diesem Land und seinen Künstlern steckt.

🎨 18 [N12] **Pinchuk Art Centre,** Wul. Basejna 13/2, Metro: Pl. Lwa Tolstoho, Tel. 5900858, http://new.pinchukartcentre.org, geöffnet: Di.–So. 12–21 Uhr. In feinster Innenstadtlage hat der Schwiegersohn des früheren ukrainischen Präsidenten Kutschma, Viktor Pinchuk, das größte Ausstellungszentrum Osteuropas eröffnet. Über vier Etagen zeigt der leidenschaftliche Kunstsammler dort nur die Crème de la crème

Art Arsenal

Hier schlägt das kulturelle, spirituelle und historische Herz der Ukraine - wenn alles fertig ist ... Katharina II. ließ das 60.000 m² große Arsenal seinerzeit als Teil einer zweigeschossigen Festungsanlage im klassizistischen Stil errichten. Zu Sowjetzeiten gehörte das kostbare Areal gegenüber dem Höhlenkloster ❶ *der staatlichen Rüstungsindustrie.*

Jetzt soll hier ein Kunstkomplex der Superlative, eine Art „Kathedrale des Friedens" entstehen. Gigantische Ausstellungsflächen mit über sechs Meter hohen Arkadengängen und riesigen Hallen sind bereits fertig. Ein Geschichtsmuseum, eine Universität, Kinos und Konferenzsäle sind in Planung. Das auch als „Mystezkyj Arsenal" (von dem ukrainischen Wort „Mysteztwo" für Kunst) bezeichnete Ensemble ist das erste staatlich geförderte Kunstprojekt in der Ukraine überhaupt.

Die Orange Revolution 2004 war in dieser Hinsicht ein Wendepunkt in der zeitgenössischen Kunst der Ukraine. Zum ersten Mal kam es zu einer politischen Meinungsbildung in der Gegenwartskunst. Bis dato war der einzige Bezug, den in der Ukraine geborene Künstler zu ihrem Heimatland hatten, der Name einer ukrainischen Stadt in dem Feld „Geburtsort" ihres Reisepasses. Sobald ihre künstlerische Karriere sie nach Moskau führte, wurden sie zu „russischen" Künstlern (Malewitsch, Archipenko und Tatlin). Das Kiewer Mekka für zeitgenössische Kunst ist sogar für Künstler aus Moskau attraktiv geworden. Art Arsenal ehrte 2012 die russischen Altmeister Wladimir Dubossarsky und Alexander Winogradow mit einer fulminanten Retrospektive. In Moskau fanden sie keinen Platz für ihre teilweise 30 Meter breiten Kunstwerke.

In Kiew gibt es Raum, Offenheit und Interesse. Und plötzlich taucht der neue Hotspot in internationalen Magazinen auf. Das mag auch an dem Vorreiter Wiktor Pinchuk liegen, der mit seiner hochkarätigen Privatsammlung (Pinchuk Art Center) Gursky, Hirst, Koons und Co. an den Dnepr holte.

In den 1928 in Dowschenkos Film „Arsenal" verewigten Fabrikhallen finden bereits das International Arsenal Book Festival, die Art Kyiv Contemporary und die Ukrainian Fashion Week statt. Aufsehen erregte vor allem die zuletzt 2017 organisierte „Kyiv Biennale".

●**20** [S14] ***Mystezkyj Arsenal,*** *Lawrska Wul. 12, Metro: Arsenalna, dann weiter mit Bus 24 bis Lawra, Tel. 2885225, http://artarsenal.in.ua, geöffnet: je nach Event, meist Di.-So. 11-20 Uhr*

❯ *Das erstklassige* **Hochglanzmagazin „Art Ukraine"** *ist auch online verfügbar, auf Ukrainisch, Russisch und Englisch unter http://artukraine.com.ua*

der modernen Kunst, aber auch ukrainische Nachwuchstalente. Mit Andreas Gursky und Jeff Koons ist der Stahlmillionär befreundet, sie sitzen in der Jury für die Vergabe des alljährlichen Kunstpreises in Höhe von 100.000 Dollar - *widnosyny* (Beziehungen) sollte man in Anbetracht solch großer Visionen schon

Die Blütezeit der „russischen" Avantgarde

Die ausschließliche Definition der Avantgarde als „russisch" ist spätestens seit dem Ende der Sowjetunion Geschichte. Viele Künstler dieser Aufbruchsbewegung zwischen 1910 und 1930 waren Ukrainer oder Wahlukrainer und hatten eine klar erkennbare persönliche Beziehung zur Ukraine. Auch Kasimir Malewitsch, einer der größten Künstler des 20. Jh., wurde in Kiew geboren und sah sich als Ukrainer, obwohl seine Eltern aus Polen stammten. Neben Moskau und St. Petersburg wurden auch Charkiw und Kiew wichtige Knotenpunkte der Avantgarde.

Die endlose Ebene des an Italien erinnernden südslawischen Landes kannte kein tatarisches Joch und keinen asiatischen Despotismus. Eine vollkommene **Freiheit des Geistes** *hatte schon den unabhängigen, nomadischen „Kosaken" ausgezeichnet. Die Künstler berauschten sich auch an der* **ukrainischen Volkskunst**, *einer der vielfältigsten der Welt. Energetische Farbigkeit in Kombination mit außergewöhnlichen Materialien fand sich in Stickereien, auf Teppichen und Plachta-Röcken, aber auch im Lubok (bunte Volksbilderbogen). Ikonenmalerei, Barockkunst und Fliesendekoration, bemalte Eier und Puppen waren eine weitere Inspirationsquelle.*

Die **Farbe Gelb** *spielte eine besondere Rolle. Sie symbolisierte die landestypische Sonnenblume, aber auch die unendlichen Weizenfelder. Mit den ersten gedruckten Büchern aus dem Kiewer Höhlenkloster erreichten westliche Stilelemente die russische Kunst und damit auch die Ikonenmalerei und die Buchillustration.*

In den Werken der Avantgardisten finden sich zahlreiche Charakteristika, die auch die westliche Kunstszene ausmachte: ein hoher Frauenanteil, das Bestreben, Kunst und Kunsthandwerk zusammenzuführen und interdisziplinäre Gemeinschaftsprojekte. Im Westen existierten zu der Zeit die Bewegung „Der blaue Reiter" und die Künstlerkolonie „La Ruche". Eine der Vorreiterinnen unter den Avantgardisten war **Alexandra Exter.** *Sie beteiligte sich schon 1908 in Kiew an der ersten avantgardistischen Ausstellung unter dem Titel „sweno" (Das Glied), die David Burljuk mitorganisierte. Der Vater des russischen Futurismus hatte sich in München mit Wassily Kandinsky angefreundet und konzentrierte sich weniger auf die Farbigkeit der ukrainischen Volkskunst als auf deren primitiven, fast kindlichen Zeichenstil.*

1914 gründete Exter mit dem späteren Kubofuturisten Alexander Bohomasow die **Gruppe „Der Ring".** *Bohomasow suchte Inspiration in den Elementen wie Erde, Wasser, Luft und in der Natur und dem einfachen Leben.*

Als Pionierin ging Alexandra Exter nach Paris, eröffnete aber 1917 in Kiew ein Atelier für dekorative Kunst, in dem viele führende Künstler in die Lehre gingen, wie etwa Wadim Meller, Kliment Redko, Alexander Tyschler, Solomon Nikritin. Sie versuchte den Brückenschlag zwischen den östlichen Farben und den künstlerischen Elementen und Ideen Westeuropas und entwarf Bühnenbilder, Kostüme und Straßendekorationen, bevor sie sich der Malerei widmete. Mellers spektakuläre Bühnenbilder revolutionierten die Bühnen der Welt und faszinierten Les Kurbas.

Redko, Tyschler und Nikritin sagten sich 1920 von Alexandra Exter los, zogen nach Moskau und gründeten 1922 die Gruppe der „Projektionisten". Sie kritisierten die „Produktionskunst", den Suprematismus und den Konstruktivismus gleichermaßen.

Wesentliche Impulse für den angewandten Konstruktivismus kamen von **Wassilij Jermilow**, dem geschickten Handwerker unter den Künstlern, der einen Speicher zur „Wohn-Maschine" umfunktioniert hatte und der Kunst einen Platz im Alltagsleben einräumen wollte. Er entwarf Fassaden und Interieurs, Teppiche und Armaturen, Banknoten und Briefmarken.

Aus Moskau nach Kiew kam **Wladimir Tatlin**, der in seiner Jugend viele Jahre in der Ukraine verbracht hatte. Der geniale **El Lissitzky** zog 1919 nach Kiew und tummelte sich im jüdischen Milieu. Während dieser Zeit schrieb er sogar Kinderbücher.

Zu den Pariser Ukrainern zählten auch **Sonja Delaunay**, die sich zeitlebens vor allem von den opulenten, bunten Hochzeitsfeiern ihrer dörflichen Heimat inspirieren ließ, und **Alexander Archipenko**, der schon vor Alexandra Exter nach Paris emigriert war. Der in Kiew geborene Bildhauer studierte von 1902 bis 1905 an der Kunstakademie in Kiew, dem „ukrainischen Bauhaus". Er schuf farbenfrohe Skulptur-Gemälde, liebte Terrakotta und Südfrankreich. Er sollte einer der wichtigsten Bildhauer des 20. Jh. werden.

Kasimir Malewitsch versuchte in seinem unendlich reichen Werk, die Extreme der urbanen Schwarz-Weiß-Malerei mit der dörflich bunten Bauernwelt seiner Kindheit zu vereinen. Aus dem Suprematismus, der vollendeten Gegenstandslosigkeit, kehrte er schließlich aufgrund der Zensur, aber dennoch ruhmreich zur figürlichen Malerei zurück. Die meisten seiner späten Bauernbilder zeigen gesichtslose Menschen, die an die ukrainischen Puppen, an die Tradition des Kunsthandwerks, erinnern. Von 1928 bis 1930, in der Zeit seiner „Reukrainisierung", hatte er, wie vor ihm schon Tatlin und Meller, eine Professur an der Kiewer Kunsthochschule inne und plante schließlich, ganz nach Kiew umzuziehen. Doch dann befahl Stalin, alle parteilosen Professoren zu entlassen. Die einschlägigen ukrainischen Zeitschriften gab es selbst dann noch, als im übrigen Sowjetrussland die Avantgarde schon unter stalinistischen Repressalien litt.

Buchtipps:

› „Avantgarde & Ukraine", Klinkhardt und Biermann, München 1993

› „Kazimir Malevich, Kyiv Period 1928-1930", Rodovid Press, Kiew 2017

› „Licht und Farbe in der russischen Avantgarde", DuMont Verlag, Köln 2004

› „Zwischen Stadt und Steppe – Künstlerische Texte der ukrainischen Moderne aus den 1910er bis 1930er Jahren", Marina Dmitrieva (Hg.), Lukas Verlag, Berlin 2012

haben. Angeschlossen ist die One Love Espresso Bar (s. S. 68), die einen herrlichen Blick und vegetarische Snacks bietet.

🅖**21** [N9] **Scherbenko Art Gallery,** Mychajliwska Wul. 22b, Metro: Majdan, Tel. 2795353, http://shcherbenkoartcentre.com, geöffnet: Di.–Sa. 11–20 Uhr.

> **EXTRATIPP**
>
> **Landschaftsallee (Pejsaschnaja Alleja)**
> Romantisch und über alle Maßen populär ist diese Gute-Laune-Allee vor historischer Kulisse. Auf dem Areal der ältesten Steinfunde Kiews, quasi hinter der Wul. Welyka Schytomyrska, durfte der bekannte Bildhauer Konstantin Skretutskyj 2009 mit seinem Team den Grundstein für eine Art **Skulpturenpark** mit Kinderspielplatz legen. Aus Stein und Mosaik entstanden herrlich bunte Fotomotive und Sitzgelegenheiten …
>
> Innerhalb kurzer Zeit wurde die Allee ein Lieblingstreffpunkt der Einheimischen. Man flaniert mit Blick auf die Unterstadt Podil, das Museum für Geschichte und die Andreaskirche vorbei an einer 25 Meter langen Riesenkatze, einer Zebrafontäne und einer Sonnenbrillenbank. Neuerdings kann man über eine nachts hell erleuchtete Treppe (im Volksmund „Klitschko-Treppe" genannt) von der Allee in die Unterstadt und direkt in das neue Small-Europe-Viertel (s. S. 25) spazieren.
>
> ★**24** [M9] **Pejsaschnaja Alleja,** Metro: Poschtowa Ploschtscha, dann mit dem Funicular hoch und rechts weiter in die Desjatynna Wuliza. Vor der Andreaskirche links und dann in die erste Straße rechts abbiegen (Desjatynnyj Prow.).

In den herrlich hellen Räumen wird ukrainische Gegenwartskunst verschiedenster Richtungen präsentiert. Sehr professionell und engagiert. Die Galerie fliegt auch schon mal mit ihren Künstlern zur Art Dubai oder stellt exklusiv ein neues Kunstbuch mit Illustrationen zu Nikolaj Gogols „Petersburger Geschichten" vor.

🅖**22** [M10] **The naked room,** Reitarska Wul. 21, http://thenakedroom.com, geöffnet: tägl. 9–23 Uhr. Die Kuratorin Lizaveta German und der Filmregisseur Marc Raymond Wilkins betreiben diese angesagte Galerie mit Café und Bücherecke im neuen Szenekiez hinter der Sophienkathedrale. Wilkens betreibt auch die ZigZag Bar um die Ecke.

🅖**23** [N6] **Ya Gallery,** Chorywa Wul. 49b, Metro: Kontraktowa Ploschtscha, Tel. 4929203, http://yagallery.com, geöffnet: Mo.–Sa. 10–19 Uhr. Pavlo Gudimov ist der Kopf hinter diesem avantgardistischen Kunstprojekt. Neben dieser neuen Galerie und einem Ableger in Dnipropetrowsk betreibt der Kurator und Musiker auch noch einen Kunstbuchverlag und organisiert Architektur- und Designworkshops. Im kulturellen Leben der Stadt ist er eine feste Größe und immer für eine Überraschung gut. Große Auswahl an schönen und günstigen Bildbänden.

▷ *Die köstlichen ukrainischen Backwaren gibt es auch auf jedem Markt zu kaufen*

Kiew für Genießer

Essen und Trinken

Slawische Vielfalt beim Essen

Die schmackhafte ukrainische Küche ist wie die slawische Küche allgemein kalorien-, mayonnaise- und knoblauchreich. Dank der umtriebigen Gastronomenfamilie Borysow wird sie nun aber fettärmer und ambitionierter. In dem nährstoffreichen, schwarzen Ackerland der Ukraine, einst als „Kornkammer der Sowjetunion" gepriesen, gedeihen vor allem Getreide und unzählige Gemüsesorten. Nicht umsonst sind Brot *(chlib)*, Kürbis *(garbusa)*, (rote) Rüben *(burjak)*, Kartoffeln *(kartoplja)* und Speck *(salo)* die Pasta des Ukrainers.

Dabei gebührt dem Speck die Hauptrolle. Mit dem Genuss von **Schweinespeck** versuchten schon die Kosaken, sich von ihren muslimischen Nachbarn – Türken und Tataren – abzugrenzen. Heute rangiert er im nationalen Bewusstsein auf Platz zwei hinter der Nationalflagge, noch vor dem Wappen und der Hymne! Er soll wichtige Fettsäuren enthalten und den Aufbau neuer Zellmembranen fördern! Den vorzugsweise weichen, auf der Zunge zergehenden Speck findet man gepökelt oder gekocht auch unter den erstklassigen **Vorspeisen** *(sakusky)*. Das sind kleine Teller mit eingelegten Pilzen *(marynowanl gryby)*, Tomatensalat *(salat s pomidorami)*, gefüllten Paprikaschoten *(farschyrowanyj perez)*, Krautsalat *(kapustjanyj salat)*, Kaviar *(ikra)* oder Möhrensalat *(morkwjanyj salat)*.

Einige Gerichte haben eine jahrhundertealte Tradition, wie etwa der berühmte **Borschtsch** (von *burjak* = rote Rüben). Die bei uns als „Rote-Bete-Suppe" bekannte Spezialität ist keineswegs „russischen", sondern ukrainischen Ursprungs. Gekocht wird sie auf der Basis von Schweinefleisch. In loser Folge kommen folgende Ingredienzien hinzu: Salz, Zwiebeln, Lorbeerblätter, Piment, Peperoni, Kartoffeln, Möhren, Rüben, Tomatenmark, Weißkohl, Dill, Petersilie und Sonnenblumenöl. Die Suppe wird *al dente* mit einem großen Löffel *smetana* (Schmand) serviert und schmeckt köstlich.

Sagenumwoben und vielfach besungen gehören auch die **Pelmeni** (Maultaschen) zu den Hauptdelikatessen der ukrainischen Küche. Die halbmondförmigen Teigtaschen haben einen dünnen Teig und eine wahlweise salzige oder süße Füllung. Es gibt sie mit Fleisch *(s mjasom)*, Kartoffeln *(s kartopleju)*, Sauerkraut *(s kwaschenoju kapustoju)*, Pilzen

Kiew für Genießer

> **KURZ & KNAPP**
>
> **Wodkaknigge**
> Der ukrainische Wodka heißt *horilka*. Diese Bezeichnung verdient jedoch nur ein exakt 40 %iger Wodka, der in der Ukraine gebrannt und in kleinen Schlucken zum Essen (und nicht nach dem Essen wie in Russland) getrunken wird. Das Wort stammt von *horiti*, also „brennen" im Sinne von „in Flammen stehen" und nicht wie der russische Wodka von *woda* (Wässerchen). Horilka ist ein nationales Heiligtum, er wird nicht gebrannt, sondern gekocht oder destilliert. Es gibt Dutzende Sorten, etwa mit Honig, Peperoni, Milch, Pfeffer, Ginseng oder ... Speck. Horilka wird in 50 Länder exportiert. Der lakonischste ukrainische Toast lautet: „Budjmo!" (Prost!).

(s hrybamy), Lachs *(s lososem)* oder gebratenem Speck *(si smaschenoju salom)*. Unbedingt probieren sollte man die Variante mit Sauerkirschen *(s wyschneju)*, Pflaumen *(si slywamy)* oder Himbeeren *(s malynoju)*.

Die ukrainischen **Crêpes** heißen *mlynzi* (nicht *bliny* wie im Russischen). In die hauchdünnen Pfannkuchen kann nahezu alles gewickelt werden, was es an süßen oder deftigen Spezialitäten gibt.

Zu den beliebtesten **Fleischspeisen** gehören Huhn Kiewer Art *(kotleta po-kijiwsky)*, Bœuf Stroganow *(bet strohanow)* und Kohlrouladen *(holubzi)* mit Reis *(s rysom)* oder Kartoffeln *(s kartopleju)* als Beilage. Vielfältige **Fischgerichte** wie gekochtes Störfleisch *(warena osetryna)*, gedämpfter Hecht *(pary schtschuk)* oder Zander mit Pilzen *(sudak s hrybamy)* sind eine echte Alternative für Pescetarier.

Unverzichtbar ist **Brot** als Beilage, wobei erfreulicherweise fast immer Graubrot *(tschornyj chlib)* mit auf den Tisch kommt. Gern werden auch gefüllte Blätterteigpasteten, die sogenannten **Piroggen** *(pyroghy)*, gegessen.

Als **Dessert** sollte man unbedingt *klezka* (Beeren- und Quarkknödel) probieren. Lecker ist auch der Mohnstrudel *(schtrudel)* mit Eis. Eis *(lodu)* wird sogar im Winter an kleinen Ständen verkauft. Auch die guten alten Cremetorten *(tort)* kommen nicht aus der Mode. Die Krönung eines opulenten Mahls sind aber nach wie vor *mlynzi* (Crêpes) mit Honig *(s medom)*. Oder Speck in Schokolade (siehe das Restaurant Kanapa, S. 65)!

Getränke

Dem russischen Dandy Fürst Golizin (1845–1915) verdanken die Ukrainier ihren **Krimsekt**, bei dem es sich um nach französischem Rezept hergestellten Schaumwein von der Krim handelt. Nach der russischen Annexion der Krim 2014 wurde der Winzerbetrieb verstaatlicht und steht derzeit zum Verkauf.

Zum Essen wird feiner Wein aus südlicheren Gefilden angeboten.

Sehr beliebt ist Bier, und zwar **Craft-Bier**, vorzugsweise aus den lokalen Mikrobrauereien **Tsipa** oder **Pravda**. Auch die traditionellen Marken Obolon und Slavutitch gibt es noch.

Die Auswahl an **alkoholfreien Getränken** ist ebenfalls groß. Tee, vorzugsweise Karpatentee *(tschaj s karpatskych)* wird den ganzen Tag getrunken. Säfte der Sorte „Sandora" sind die landestypische Industrievariante von *kompot*. Das sind in Wasser gekochte Beeren und Früchte. Etwas angedickt heißt derselbe Saft *kysil*. Saft aus Trockenobst nennt sich *uswar*. Das aus Früchten oder Schwarzbrot hergestellte Brotgetränk **kwas** gibt es immer noch. Vor allem im Sommer wird es am Straßenrand aus Tankanhängern verkauft. Es ist mit Kohlensäure angereichert und löscht den Durst. Ukrainischer **Kefir** wird aus gekochtem Schmand hergestellt und heißt dann *rjaschenka*. Sehr zu empfehlen. Auch **Kaffee** *(kawa)* hat eine lange Tradition und wird zu jeder Tageszeit getrunken. Dabei handelt es sich ausschließlich um Espresso-Kaffee, der Filterkaffee hat es nie bis nach Kiew geschafft.

Kulinarischer Tagesablauf

Morgens

Im Grunde seines Herzens unterscheidet der typische Kiewer nicht zwischen den verschiedenen Mahlzeiten des Tages. Zu jeder Uhrzeit bestellt man, was einem gerade in den Sinn kommt. Daher kann der Tag je nach Vorliebe entweder mit einem Coffee-to-go an einem der überall postierten Coffeeshops auf vier Rädern oder gleich mit einem deftigen, hochkalorischen Frühstück im Straßencafé beginnen. Zum obligatorischen Kaffee, *kawa,* der ohne Milch, aber manchmal mit Zucker (*s zukrom*) getrunken wird, oder Tee gibt es bereits in aller Frühe Eierspeisen. Im besten Fall sind das die herrlichen Pfannkuchen *mlynzi*, meist mit Honig (*s medom*) oder Butter (*s maslom*). Diesen Trend hat sogar McDonald's (z. B. am Majdan) aufgegriffen und bietet ein Special-Frühstück mit Crêpes an. Wer Müsli und frisches Obst zum Frühstück essen möchte, sollte besser im Hotel frühstücken.

Mittags

Das Angebot an Business-Lunch-Menüs ist groß und schont den Geldbeutel. Bis zu 40 % günstiger kann ein schönes Mahl (inklusive Suppe und Dessert) im Vergleich zum selben Angebot am Abend sein. Außerdem gibt es eine Vielzahl günstiger Selbstbedienungsrestaurants, die authentische ukrainische Küche für wenig Geld bieten. Borschtsch, kleine Salate, Fleisch mit Kartoffeln oder Fisch, Pelmeni, ein Dessert und natürlich Brot gibt es reichlich, und das fast rund um die Uhr. Alkohol wird mittags kaum getrunken. Nach dem Mittagessen gibts Espresso.

Abend

Das Abendessen darf auch wieder üppig sein. Oft und gerne wird selbst gekocht und „zu Hause" gegessen. Und getrunken, denn abends kommt *horilka* ins Spiel, der in der Ukraine zum Essen gereicht wird, so wie bei uns Wein oder Bier. Typisch ukrainische Spezialitäten werden mit Wodka umspült.

In Restaurants herrscht große Toleranz, auch wenn man nur ein kleines Hauptgericht oder einen Salat bestellt. Jeder so, wie er mag.

Cafés

○25 [M7] **Cafe Boutique,** Chorywa Wul. 4, Metro: Kontraktowa Ploschtscha, Tel. 5991788, http://cafeboutique. ua, geöffnet: Mo.–Fr. 9–19, Sa./So. 11–19 Uhr. Etwas versteckt hinter dem Kontraktplatz liegt dieses Café mit erlesenen Kaffeesorten. Die Boutique ist Mitglied im Verband europäischer Baristas und lässt jedes Liebhaberherz höher schlagen. Die Snackauswahl ist leider nicht sehr groß, dafür trifft man hier auf viele junge, kreative Kiewer.

Kiew für Genießer

26 [N10] **Kaffa (1)**, Tarasa Schewtschenko Prow. 3, Metro: Majdan, Tel. 2706505, https://kaffa.ua, geöffnet: Mo. 11–21, Di.–So. 10–21 Uhr. In einer kleinen gemütlichen Gasse gleich hinter dem Majdan versteckt sich dieses gänzlich rauchfreie Café, das nicht nur den braunen Trank Arabiens, sondern auch Snacks serviert und den Besucher mitnimmt ins ferne Afrika: Die Wände zieren Zebras, Gnus und Antilopen. An der Kaffeemühle rechts rein.

EXTRATIPPS

Smoker's Guide
Seit 2012 gilt ein **allumfassendes Rauchverbot** auch in den Bars und Restaurants von Kiew. 84 % der Ukrainer sind laut Umfragen froh, nicht mehr vollgequalmt zu werden. Die restlichen 16 % fragen sich, wie kalt die nächsten Winter wohl werden …

Lokal für Raucher
Im neu gebauten Fairmont Grand Hotel Kyiv gibt es eine gemütliche, mit schicken Ledersesseln ausgestattete Raucherbar mit spektakulärem Blick und das bekannte Vogue Café.

34 [O8] **Fairmont Grand Hotel Kyiv**, Nabereschno-Chreschtschatyzka 1, am Hafen (Metro: Poschtowa Ploschtscha)

EXTRATIPP

Märkte
Marktliebhaber sollten über den historischen Schytnij-Markt (Shirts im 2. Stock) in der Wul. Werchnij Wal/Ecke Jaroslawskyj Prow., Metro: Kontraktowa Ploschtscha, oder durch den Bessarabsky-Markt bummeln. An der Metro Pochajna gibt es Bücher und CDs.

32 [M7] **Schytnij-Markt**, www.zhytniy-rynok.kiev.ua

33 [N12] **Bessarabsky-Markt**

27 [N7] **Kaffa (2)**, Wul. G. Skoworody 5, Metro: Kontraktowa Ploschtscha, Tel. 4253845, geöffnet: Mo. 11–22, Di.–Fr. 9–22, Sa./So. 10–22 Uhr. Schattig unter Bäumen sitzt man auf der herrlichen Terrasse des Kaffa-Ablegers in Podil und genießt dabei erlesensten Kaffee oder Tee. Kleine Sacks gibt es auch … und Deutsch hört man ab und zu an den Nachbartischen. Das Goethe-Institut ist um die Ecke.

28 [N7] **Living Room**, Wul. Spaska 6, Metro: Kontraktowa Ploschtscha, Tel. 4251116, www.facebook.com/livingroom.kiev, geöffnet: tägl. 11–3 Uhr. Zwei Syrer haben diese coole Hipster-Location unter dem XXL-Streetart-Gemälde von Nunca eröffnet, Oma-Möbel reingestellt und ein paar Spezialitätenrezepte wie Karottenkuchen und Kardamom-Kaffee mitgebracht. Lässig, gemütlich, hip!

29 [N7] **Lviv Handmade Chocolate**, Andrijiwskyj Uswis 2b, Metro: Kontraktowa Ploschtscha, Tel. 2787474, www.chocolate.lviv.ua, geöffnet: Mo.–So. 10–22 Uhr. Ein Wohlfühlerlebnis ist dieses kuschelige Café mit einem kleinen Shop, in dem man so viele köstliche Pralinen gleich alle bei einem riesigen Caffè Latte nebenan verzehren möchte.

30 [N13] **Milk Bar**, Wul. Schota Rustaweli 16, https://milkbar.com.ua, geöffnet: tägl. 8–23 Uhr. Es sind vor allem die Desserts, die Caféfans hierhin locken. Und natürlich das Loft-Interieur von Belenko Design Band, das diesen modernen Klassiker unter den Café-Tempeln der Stadt zum Instagram-Hotspot schlechthin gemacht hat. Im hinteren Bereich gibt es auch Ledersofas.

31 [M11] **Small Talking**, Wul. Lysenka, Metro: Soloti Worota, Tel. 067 1572888, Facebook-Seite: smalltalkingcafe, geöffnet: Mo.–Fr. 8–21, Sa./So. 9–21 Uhr. Zum Cappuccino wird hier Frisches aus der Kühltheke angeboten: Möhren-Fen-

Kiew für Genießer

EXTRATIPPS

Mlynzi – Crêpes auf Ukrainisch

35 [N8] **Kanapa** €€-€€€, Andrijiwskyj Uswis 19a, Metro: Kontaktowa Ploschtscha, Tel. 4254548, http://borysov.com.ua, geöffnet: tägl. 10–24 Uhr. In diesem urgemütlichen Restaurant gibt es eine opulente Auswahl an eher fettarmen ukrainischen Gerichten. Zu den *mlynzis* wird *uswar* (Fruchtkompott mit Honig) serviert. Die neue ukrainische Küche des Gastronomen Dima Borysow hat dem Lokal schon diverse Preise eingebracht, unter anderem den für das beste Restaurant der Ukraine im Jahr 2016. Unbedingt reservieren! Mit Terrasse.

36 [N12] **Pervak** €-€€, Wul. Rognidynska 2, Metro: Pl. Lwa Tolstoho, Tel. 2350952, www.pervak.kiev.ua, geöffnet: So.–Do. 11–24 Uhr, Fr./Sa. 24 Stunden. In acht thematisch unterschiedlichen Räumen sitzt man hier ungezwungen in traditionellem, historischem Ambiente. Viele Stammkunden schätzen die ukrainischen Spezialitäten.

Köstliche Pfannkuchen gibt es in jeder Saison, in der Butterwoche sogar zu Sonderpreisen.

37 [N10] **Warenitschnaja Katjuscha** €€, Wolodymyrska Wul. 51/53, Metro: Teatralna, Tel. 3311177, http://katysha.com.ua, geöffnet: tägl. 9–24 Uhr. Gleich hinter dem Goldenen Tor kann man hier köstliche gefüllte Teigtaschen in allen Variationen essen. Über die Stadt verteilt gibt es weitere Ableger, z. B. Wul. Iwana Masepy 5, Metro: Arsenalna, und am Hauptbahnhof (Wul. Woksalna 2), Metro: Woksalna. Das Personal ist immer freundlich und die Preise sind zivil.

38 [S15] **Zarske Selo** €€€, Wul. Lawrska 22, Metro: Arsenalna, dann mit dem Bus 24 weiter oder zu Fuß, hinter dem Höhlenkloster, kurz vor „Mutter Heimat", Tel. 2803066, http://tsarske.kiev.ua, geöffnet: Mo.–So. 9–1 Uhr. Gourmet-Mlynzi mit Lachs und Spinat und Limettensoße sind nur eine Spezialität des Hauses. Gekocht wird nach alten Rezepten aus der ukrainischen Küche. Die traditionellen Gesänge und die gepfefferten Preise nimmt man gern in Kauf. Zaristisch opulent speist man hier schon seit Jahrzehnten, wenn nicht Jahrhunderten …

Wodka-Restaurant

39 [O6] **Khutorets na dnipri** €€-€€€, Nabereschno-Chreschtschatyzka 10a, Metro: Kontraktowa Ploschtscha (weit zu gehen), http://famiglia.com.ua, Tel. 4993959. Auf dem legendären Flussschiff wird traditionelle ukrainische Küche serviert. Viel Platz, auch für größere Gruppen. Im Wodka-Raum stehen über 80 verschiedene Sorten aus allen Ecken der Ukraine zur Auswahl.

018ki Abb.: hmj

◁ *Mlynzi-to-go … für den kleinen Hunger zwischendurch!*

> **Gastro- und Nightlife-Areale**
> Bläulich hervorgehobene Bereiche in den Karten kennzeichnen Gebiete mit einem dichten Angebot an Restaurants, Bars, Klubs, Discos etc.

> **Restaurantkategorien**
> €   günstig (bis 6 €)
> €€   moderat (6–12 €)
> €€€   teuer (ab 12 €)
> Die Preise gelten für ein Hauptgericht.

chel-Rosinen-Salat, Burritos, belegte Baguettes, aber auch Plätzchen und Kuchen, alles auch zum Mitnehmen. In dem kleinen, zentral gelegenen Café sitzt man gemütlich. Die dominierende Farbe ist allerdings Rosa!

40 [N11] **The Blue Cup Coffee Shop**, Puschkinska Wul. 5, Metro: Teatralna, www.facebook.com/TheBlueCupCoffee, geöffnet: tägl. 9–22 Uhr. Loft-Ambiente in einer Parallelstraße zum Chreschtschatyk. Hymnisch gefeiert wird dieser neue Szene-Hotspot von Kaffee- und Schokokeks-Freunden, die hier auch mit kleinen Salaten und Snacks verführt werden. Meerblaue Deko, freundliche Leute und viel Luft zum Atmen. 5 Sterne von der Autorin!

41 [N10] **Tres Francais**, Kostelna Wul. 3, Metro: Majdan, Tel. 2797771, http://tres-fr.com, Mo.–Fr. 9–23 Uhr. Pariser Flair am Majdan, europäischer geht's nicht. Eigentlich ist dieses im französischen Bistrostil eingerichtete und sogar Sitzplätze unter Weinranken bietende Lokal ein Restaurant. Da jedoch das Frühstück (sowie Brunch) fantastisch ist, firmiert es hier unter Cafés.

42 [M8] **Whitebeard Blackbird**, Wosdwyschenska Wul. 40, www.facebook.com/whitebeardblackbird, tägl. 9–21 Uhr. In den neuen Stadtteil Small Europe (s. S. 25) gelangt man über den Andreassteig. Entweder spaziert man an der Landschaftsallee über die neue Freitreppe nach unten oder man biegt vom Andreassteig von unten kommend in die zweite Straße rechts. Bei CoffeeCombucha und Käsekuchen staunt man hier über die Farbenpracht der historisierenden Fassaden.

43 [N11] **Wolkonsky**, Chreschtschatyk 15, Metro: Chreschtschatyk, Tel. 3937833, www.wolkonsky.com, geöffnet: Mo.–So. 8–22 Uhr. Das Aroma all der frisch gebackenen Köstlichkeiten lockt den Besucher vom Trottoir in dieses angesagte Café (mit Konditorei), in dem man auch mal Stars und Sternchen gemütlich sitzen sieht. Allerdings nicht ohne Gucci-Sonnenbrille ...

Empfehlenswerte Lokale

44 [N10] **Arbequina** €€, Wul. Borysa Hrintschenka, Metro: Majdan, Tel. 2239618, geöffnet: tägl. 9–23 Uhr. Frühstück, Mittag- und Abendessen mit mediterranen, vor allem spanischen Köstlichkeiten in einem gemütlichen Ambiente hinter dem Majdan gibt es in diesem neuen „Öko-Gastro-Lokal". Es ist hell, zentral und freundlich, das Essen sehr empfehlenswert, nur der Service könnte schneller sein.

45 [N11] **Biliy Naliv** €, Chreschtschatyk 23a, Metro: Chreschtschatyk, https://borysov.com.ua/uk/bilyy-nalyv, geöffnet: So.–Do. 10–23, Fr./Sa. 10–2 Uhr. Schon von Weitem sieht man eine lange Schlange von vornehmlich jungen Kie-

▷ *Das neue Kompot-Restaurant (s. S. 69) bietet einen 180°-Hafenblick, tolles Essen und ganz viel Caffè Latte*

Kiew für Genießer 67

wern, die entweder an einem der Stehtische oder auf dem Trottoir mit einem schmackhaften (auch veganen) Hotdog verweilen. Als „1-Euro-Bar" bricht das nach einer Apfelsorte benannte Lokal alle Besucherrekorde. Austern mit Cidre, Hotdogs mit Raclette-Käse – alles schmeckt!

46 [O11] **Chicken Kyiv** €-€€, Chreschtschatyk 15/4 (Eingang Wul. Sankovezkoi), https://borysov.com.ua/en/chicken-kyiv, geöffnet: Mo.–Fr. 8–24, Sa./So. 9–24 Uhr. Dieser magische Ort bietet mehr als eine Zeitreise in die 1980er-Jahre der UdSSR. Dima Borysow macht aus den (auch vegetarischen) Lieblingsgerichten seiner Kinderzeit qualitativ hochwertige ukrainische Gerichte und kann sich vor Gästen kaum retten. In authentischem Mobiliar mit Kronleuchtern und Oma-Vitrinen wird unter anderem das namensgebende Gericht mit Zitronenlimonade serviert (für 5 €). Der Slogan „Come, fall in love with Kyiv" ist eigentlich noch untertrieben ...

47 [O10] **Dwa Husja** €, Chreschtschatyk 7–11 (im 1. Stock), Metro: Majdan,

075ki Abb.: hm

KURZ & KNAPP

Foodie-Mekka Kiew

Fusion-Küche und TK-Ware, das war einmal. In aller Munde ist jetzt die „neue ukrainische Küche". Wie variationsreich die sein kann, zeigt eine Gastronomenfamilie, die es innerhalb kürzester Zeit geschafft hat, Kiew auf die Liste der „foodies", der internationalen Fangemeinde für innovative Gaumenkreationen, ganz nach oben zu katapultieren. Aus lauter Liebe zu seiner Heimat beschloss Dmitro (Dima) Borysow, die Gerichte seiner Kindheit mit neuen Zutaten schmackhafter, gesünder und fettärmer zu machen. In verschiedenen Preiskategorien eröffnet er Lokale mit unterschiedlichen Spezialitäten, etwa das **Chicken Kyiv** (siehe oben) oder das **Ostannya Barykada** (s. S. 70). Gerade erobert der Kiewer Tim Raue ein ganzes neues Stadtviertel am Fuße des Andreasstiegs. Die beiden Straßen Wosdwyschenska Wul. und Koschumjazka Wul. offenbaren nicht nur eine Mixtur aller europäischen Baustile in besonders grellen Farben und Formen, sondern auch spannende neue Geschäfte, Galerien und Restaurants. Borysow bietet jetzt auch Kochkurse an ... und expandiert nach Westeuropa.

› https://borysov.com.ua
› https://borysovacademy.com
› http://gastroartvozdvighenka.kiev.ua

EXTRATIPPS

Dinner for one

49 [M11] **Olivie** €, Wul. Bohdana Chmelnyzkoho 16/22, Metro: Teatralna, Tel. 3693066, geöffnet: tägl. 8–23 Uhr. Ukrainische Köstlichkeiten wie *Pelmeni*, *Kotlety*, Kartoffelpuffer (*Draniki*) und Gemüsesuppe in lockerem, hellgrünem Mensa-Ambiente mit Selbstbedienung. Viele Studenten und Einheimische tummeln sich hier, vor allem zu Stoßzeiten. Für den kleinen Geldbeutel.

50 [N12] **Puzata Hata (1)** €, Wul. Basejna 2a, Metro: Pl. Lwa Tolstoho, Tel. 3914699, http://puzatahata.com.ua, geöffnet: Mo.–So. 7.30–23 Uhr. Ein echtes Bauernhaus mitten im urbanen Zentrum! Frühstück, Mittag- und Abendessen sind ein authentisches und preisgünstiges Vergnügen.

Lecker vegan

51 [N12] **Green 13 (vegan kitchen)** €, Bessarabskij-Markt 2, Metro: Ploschtscha Lwa Tolstoho, Teatralna, www.facebook.com/Green13Cafe, geöffnet: Mo.–Sa. 10–22, So. 12–22 Uhr. Veganer, Vegetarier und Streetfood-Liebhaber treffen sich hier in den altehrwürdigen Markthallen am unteren Ende des Chreschtschatyk. Humus, Falafel und Tofurollen gibt es für umgerechnet unter 3 € an Stehtischen oder auf Holzbänken. Wem das nicht genügt, der kauft an einem der anderen Marktstände Obst, Kaviar oder Nüsse.

Lokal mit guter Aussicht

52 [N12] **One Love Espresso Bar** €€, Wul. Basejna 1/3-2, Metro: Pl. Lwa Tolstoho, Tel. 5850758, www.pinchukartcentre.org, geöffnet: tägl. 10–21 Uhr. Sofern man vom kompromisslosen Weiß des hypermodernen Interieurs nicht geblendet wird, hat man einen herrlichen Blick über die Dächer von Kiew. Und dabei genießt man herrlichen, mehrfach prämierten Kaffee mit (auch vegetarischen) Snacks wie Bagels, Kuchen, Mlynzi oder Quiche. Um die Sicherheitskontrolle kommt man nicht drum herum. Der Eingang ist unten im Pinchuk Art Centre (s. S. 56), und das ist der Olymp zeitgenössischer Kunst in Kiew.

Für den späten Hunger und für Public-Viewing-Fans

53 [N12] **Arena Sport Zone** €€, Wul. Basejna 2a, Metro: Pl. Lwa Tolstoho, Tel. 4920000, http://arena-city.com/en, geöffnet: Mo.–So. 24 Std. Ein ganzer Vergnügungskomplex ist hier, mitten im Stadtzentrum, entstanden. Rund um die Uhr kann man über mehrere Etagen deftig und gut essen und im Beer House Tsipa-Bier aus der Kiewer Mikrobrauerei probieren. Im ersten Stock ist eine große Sport Bar, auf der Sportevents live gezeigt werden. Public Viewing, Vapiano, Arena Terrace, Koya Restaurant und ein seriöser Nachtklub namens Sky Bar – alles unter einem Dach, auch wenn Männer in der Überzahl sind.

Tel. 2798904, www.dvagusya.ua, geöffnet: Mo.–So. 8–23 Uhr. Gute Qualität zu kleinen Preisen machen diese Kiewer Fast-Food-Kette zu einer gut besuchten Lokalität mitten im Zentrum. Sauber, hell und modern. Brot und *Sakusky* gibt es reichlich. Kleine Salate, Wareniki ... und natürlich Bortschtsch. Man achte auf das Logo mit den zwei Enten!

48 [M13] **Faina Familia** €€, Welyka Wasylkiwska 34, Metro: Pl. Lwa Tolstoho, Tel. 2893931, http://finefamily.com.ua, geöffnet: Mo.–Sa. 9–23, So. 11–23 Uhr. Leckere italienische Pasta, gegrilltes

Kiew für Genießer

Gemüse, Pizza, Salate und vieles mehr kann man hier in lockerem, mediterranem Ambiente genießen. Große Dessertkarte. Bei jungen Einheimischen sehr beliebt. Zuverlässig gutes Essen ... auf Expansionskurs.

🛈 **54** [N13] **King David** €€, Esplanadna 24, Metro: Palats Sportu, Tel. 442357436, geöffnet: Mo.–Do., Sa. 11–23 Uhr (Fr. Sabbat). Authentisch ist nicht nur die Lage: In der erst 2000 restaurierten Hauptsynagoge Kiews befindet sich dieses jüdische Restaurant, in dem der Gast auch europäisch-koscheres Essen bestellen kann. Jerusalem bei Nacht ziert eine ganze Wand. Das King David liegt in unmittelbarer Nähe des Olympiastadions.

🛈 **55** [O8] **Kompot** €€, Poschtowa Ploschtscha 3a, Metro: Poschtowa Ploschtscha, Tel. 3901550, www.kompot.ua, geöffnet: tägl. 8–23 Uhr. Dieser Ableger der ungemein beliebten Restaurantkette aus Odessa wartet nicht nur mit der spektakulären Lage am Hafen, sondern auch mit einer Tageskarte auf, die keine Wünsche offenlässt: Croissants, Rührei, Borschtsch, Pelmeni, Salate, Beerentörtchen ... Alles wird frisch zubereitet und von sehr freundlichen Bedienungen serviert. Ein Lieblingslokal der Autorin!

🛈 **56** [N12] **Koya** €€, Wul. Basejna 1/3–2 (Terrasse zum Arena City Complex), Metro: Ploschtscha Lwa Tolstoho, Tel. 4505335, http://koya.com.ua, geöffnet: tägl. 12–3 Uhr. Dies ist das erste Pan-Asia-Restaurant in Kiew. Das Interieur ist spektakulär, fancy und stylish, dabei aber gemütlich. Neben einer riesigen Auswahl an frischem Sushi gibt es

◁ *Der Zuckerbaron Lasar Brodskyj stiftete 1912 diese Jugendstilmarkthalle, das Green 13 (siehe links) ist neu*

auch andere asiatische (sogar vegetarische und vegane) Gerichte. Super Service, bis in die Nacht geöffnet.

57 [N7] **Marrakesch** €€, Wul. Sahajdatschnoho 24, Metro: Kontraktowa Ploschtscha, Tel. 4940494, geöffnet: So.–Do. 12–24 Uhr, Fr./Sa. 12–4 Uhr. Im historischen Stadtzentrum von Podil sinkt man in den gemütlichen Nischen der Gewölbe in die bunten Kissen und genießt richtig gute marokkanische Küche bei einer Wasserpfeife. Dazu gibt es Do.–Sa. Loungemusik ab 20 Uhr, meist mit DJ. Die größte Teeauswahl Kiews nimmt einen endgültig mit in „Tausend und eine Nacht".

58 [M11] **Mitla** €€, Wul. Prorisna 21, Metro: Soloti Worota, Tel. 2780548, www.mitla.com.ua, geöffnet: Mo.–Fr. 10–24, Sa./So. 12–24 Uhr. Folkloristisch ist dieses auf Almhütte getrimmte ukrainische Restaurant schon ein bisschen. Auch muss man röhrende Wildschweinköpfe und Sonnenblumen an der Wand mögen. Aber das Essen ist ein authentischer Gaumenschmaus. Es gibt eine englische Karte, vernünftige Preise und am Wochenende Livemusik. Ohrenstöpsel nicht vergessen!

59 [M9] **Monaco** €€€, Welyka Schytomyrska Wul. 20a (an der Landschaftsallee), Metro: Soloti Worota, Tel. 5900151, www.monaco.com.ua, geöffnet: Mo.–So. 12–6 Uhr. Mediterran kocht Thierry Alix in seinem stilvollen Restaurant mit der spektakulären Sommerterrasse im obersten Stock. Es gibt unterschiedlich gestaltete Räume, guten Service und gediegene Speisen. Vitali und Wladimir wurden hier auch schon öfter gesichtet …

60 [N11] **Musafir** €-€€, Wul. Bohdana Chmelnyzkoho 3b (im Hinterhof), www.musafir.com.ua, geöffnet: tägl. 10–22 Uhr. Der Name des Restaurants ist vieldeutig. „Musafir" bedeutet im Arabischen „Reisende". Die Betreiber dieses gemütlichen Lokals sind Reisende besonderer Art: Krimtataren im Exil. Die muslimische, turksprachige Ethnie war ein Nomadenvolk, das sich auf der Krim niederließ. Seit der Annexion durch Russland beglückt diese Großfamilie mitten im Zentrum von Kiew nicht nur exilierte Landsleute, aber auch. Und die lieben die herausragende Qualität der vornehmlich zentralasiatischen Speisen wie etwa Kebab, Plow oder gefüllte Teigtaschen (Manti). Eines der besten und authentischsten Lokale der Stadt – und preisgünstig dazu.

61 [M16] **Odessa** €€-€€€, Wul. Welyka Wasylkiwska 114, Metro: Palaz Ukrajina, Tel. 2382032, https://odessarest.com.ua, geöffnet: tägl. 11–23 Uhr. Fisch- und Fleischgerichte aus der ost- und westeuropäischen Küche in herausragender Qualität, das alles in einem großen, luftigen Restaurant, in dem es auch gemütliche Nischen mit Rundsofas gibt. Die Terrasse wartet mit flauschigen Sitzbänken und maritimer Deko auf. Wofür man die als Kissen drapierten Rettungsringe braucht, bleibt das Geheimnis des stadtbekannten Gastronomen. Außerhalb des Zentrums, lohnt aber die weite Anreise.

62 [N10] **Ostannya Barykada** €€, 1 Majdan Nesaleschnosti, Metro: Majdan, im Einkaufszentrum Globus 1 (Eingang vor McDonald's, im Fahrstuhl auf die Buchstaben ОБ drücken, zweiter Eingang oben an der Kuppel neben dem Michaelsdenkmal), Tel. 068 9071991 (unbedingt reservieren), Facebook-Seite: ostannya.barykada.kyiv, geöffnet: Mo.–Fr. 10–24, Sa./So. 11–24 Uhr. Für diejenigen, die die „Revolution der Würde" (s. S. 96) mitgetragen haben, hat Küchenchef Dima Borysow ein einzigartiges, interessant eingerichtetes Restaurant geschaffen, in dem es ausschließlich köstliche ukrainische Gerichte, Zutaten und Weine gibt. Der Name „Letzte Barrikade" ist Programm. Über der Kuppel brannten die Barrikaden noch bis Februar 2014. Jetzt ist hier ein atmosphärischer Wohlfühlort entstanden, in dem man die Seele baumeln lassen kann.

🍴**63** [N13] **Petrus-b** €€, Esplanadna Wul. 28, Metro: Palaz Sportu, Tel. 2871539, www.petrus.rest. 24 Stunden hat dieses ukrainische Restaurant gegenüber vom Sportpalast geöffnet. Traditionelle Küche, eine englische Speisekarte und erstklassiger Service machen dieses mit Oma-Möbeln eingerichtete Lokal zu einem gemütlichen, entspannten Wohlfühlort, an dem Häkelgardinen, Holzvitrinen und Grünpflanzen ein Revival erleben. Leckere Cocktails und saisonale Spezialitäten.

🍴**64** [M9] **Pirog' Bar** €, Wul. Wolodimyrska 14, Metro: Soloti Worota, https://barpirog.com.ua, geöffnet: Mo.-Do. 10-24, Fr.-So. 10-3 Uhr. Aus St. Petersburg kommt diese Piroggenkette mit allerfeinsten russischen Pastetchen, die wahlweise mit Quark, Lachs, Kohl, Fleisch, Pilzen, Äpfeln, Reis und mehr gefüllt sind. Dazu wird Craft-Bier oder Kaffee gereicht. Gutes Preis-Leistungs-Verhältnis und ein echter Klassiker.

🍴**65** [N7] **Puzata Hata (2)** €, Kontraktowa Ploschtscha 2/1, Metro: Kontraktowa Ploschtscha, http://puzatahata.com.ua. geöffnet: Mo.-So. 7.30-23 Uhr. Direkt am Kontraktowa Ploschtscha liegt diese ebenfalls sehr einladende, aber auch geschäftige Filiale der Selbstbedienungkette. Hier trifft man hauptsächlich Studenten aus der Mohyla-Universität nebenan.

🍴**66** [P13] **Shoti** €€, Metschnykowa Wul. 9, Metro: Klowska, Tel. 3399399, geöffnet: tägl. 12-23 Uhr. Etwas abseits der üblichen Spazierwege befindet sich dieses skandinavisch-reduziert eingerichtete, helle und freundliche Restaurant, das sich über zwei Ebenen erstreckt.

Hier wird richtig gutes georgisches Essen angeboten. Auf der Karte sind Schaschlyki, Lammhaxe und Hähnchenbrust, dazu Chatschapuri, Bratkartoffeln und Dips zu finden. Aber auch Vegetarier haben in dem mondänen Lokal eine große Auswahl. Tolle Weinbar im zweiten Stock!

🍴**67** [N7] **Trapezna Akademia** €, Kontraktowa Ploschtscha 4, Metro: Kontraktowa Ploschtscha (Eingang in der Uni, wenn man vor dem Gebäude steht, links im EG), http://ukma.edu.ua, Tel. 4253186, geöffnet: Mo.-Fr. 9-22, Sa./So. 10-22 Uhr. Die Mensa der Mohyla-Universität ist ein echter Insider-Tipp. Omeletts und Crêpes sind ebenso im Programm wie Suppen, Salate und Kartoffeln. Ukrainische Küche für wenig Geld. Hell und einladend ist es hier, aber manchmal voll.

🍴**68** [M13] **Under Wonder** €-€€, Wul. Welyka Wasylkiwska 21, Metro: Ploschtscha Lwa Tolstoho, www.underwonder.com.ua, Tel. 2342181, geöffnet: 24 Std. Die umfangreiche Speisekarte dieses ungemein beliebten italienischen Restaurants bietet rund um die Uhr hochwertige italienische Küche (außer Pizza), aber auch ein „Kiewer Frühstück" mit Pfannkuchen oder English Breakfast. Leicht zu erkennen an den Buntglasscheiben und der großen Uhr.

🍴**69** [N12] **Vapiano** €-€€, Wul. Welyka Wasylkiwska 1-3/2 (im Arena Zentrum), Metro: Ploschtscha Lwa Tolstoho, http://vapiano.ua, geöffnet: Mo.-Do. 8-23, Fr. 8-2, Sa./So. 9-23 Uhr. Es war nur eine Frage der Zeit, bis die moderne deutsche Selbstbedienungskette mit den frischen italienischen Pastagerichten, Salaten und Pizzen nach Kiew kommt. Hier kann man im Innenhof auch draußen sitzen. Das rot-braune Interieur und die Basilikumpflanzen als Tischdeko kennt man ja ...

Kiew am Abend

Das zuweilen recht ausschweifende Nachtleben beginnt in Kiew ab 20 Uhr in den Bars und Pubs der Stadt, oft mit Livemusik. Dort kann man immer auch etwas essen und meist auf großen Leinwänden Sportereignisse verfolgen. In vielen Lokalitäten werden auch Wasserpfeifen („huki") angeboten. Gegen 23 Uhr wechselt man in eine Disco oder einen Nachtklub. Dabei sollte man als Frau auf modische, feminine Kleidung achten, um die „face control" zu bestehen.

Bars und Pubs

❶70 [N9] **b-hush Rooftop Bar** €€-€€€, Welyka Schytomyrska 2a (11.Stock, im Hotel Intercontinental), Metro: Majdan, Tel. 2191919, http://b-hush.com, geöffnet: tägl. 18-2, Fr./Sa. bis 4 Uhr. Diese coole, gediegene Lounge-Bar bietet den besten Panoramablick auf das nächtliche Kiew. Es gibt Cocktails, Sushi und eine XXL-Terrasse.

❶71 [N10] **Chateau** €€, Chreschtschatyk 24, Metro: Chreschtschatyk, Tel. 2793704, http://kievshato.com, Mo.-So. 24 Stunden. *Mlynzi*, aber vor allem Pizza und Croque Monsieur bestellt man in dieser Institution zu Hell- oder Dunkelbier der Marke Slavutich. Die großen Braubottiche stehen hinter Glas. Viele Fußballfans kommen hierher, da jedes interessante Spiel auf den Leinwänden übertragen wird. Gute Stimmung und Atmosphäre, nicht ganz billig.

❶72 [N10] **Drunk Cherry (Pjana Wishnja)**, Wul. Borisa Hrinchenka 2/1 (direkt am Majdan), Metro: Majdan, www.fest.lviv.ua/uk/restaurants/drunkcherry, geöffnet: Mo.-Do. 11-23, Fr./Sa. 11-2, So. 11-24 Uhr. In dieser mit Stehtischen und roten Lüstern ausgestatteten In-Bar dreht sich alles um die Kirsche. Kirschlikör und Schwarzwälder Kirschtorte sind nur einige Highlights des Lemberger Franchise-Unternehmens.

❶73 [M11] **Le Cosmopolite** €€, Wul. Wolodymyrska 47, Metro: Soloti Worota, Tel. 2787278, www.peesboyclub.com.ua, geöffnet: Mo.-Do. 11-23, Fr./Sa. 11-2, So. 11-23 Uhr. In diesem belgischen „Biercafé" (Brasserie) in feinstem Jugendstilambiente (inklusive Stehgeiger) ist gute Laune Programm. Einladend sind auch die Bistrotische und die schöne Veranda. Hier wird gute ukrainische Küche serviert ... und doch kann man auch nur bei einem kühlen Blonden zu früher oder später Stunde hier mühelos versacken.

❶74 [N9] **O'Brian's Irish Pub** €€, Wul. Mychajliwska 17a, Metro: Majdan, Tel. 2791584, www.obriens.kiev.ua/en/events/, geöffnet: tägl. 10-2 Uhr. Ein bei Expats beliebter irischer Pub mit allerlei Sorten Bier zur Auswahl. Auf der riesigen Leinwand laufen Sportübertragungen, wenn nicht gerade „romantische Musik" gespielt wird, mit der sie gerne werben. Vermutlich, damit mehr Frauen vorbeischauen!?

❶75 [K10] **Palata Nomer 6** €-€€, Wul. Worowskoho 31a, Tel. 4865152, http://palata6.io.ua, geöffnet: tägl. 18-24 Uhr. Weil man davon ausgeht, dass in diesem ganz hinten rechts in einem unscheinbaren Hinterhof verborgenen „Krankenzimmer Nummer 6" (nach Tschechows Erzählung) nur junge, durchgeknallte Leute auftauchen, haben sich die Bedienungen als Krankenschwestern verkleidet! Die Visitenkarte ziert ein ramponierter Van Gogh. Eine der hippsten Bars der Stadt, internationales Publikum.

❶76 [N12] **Parovoz (speakeasy)**, Wul. Welyka Wasylkiwska 19, http://parovoz.bar, geöffnet: tägl. 12-2 Uhr, Tel. 2352413. Diese kleine Kellerbar im Kino Kyiv wurde mehrere Jahre in

Folge als beste Cocktailbar Kiews ausgezeichnet und zieht noch immer coole Leute an.

🔴77 [M10] **Zig Zag Bar** €€-€€€, Wul. Rejtarska 13, Metro: Soloti Worota, Tel. 068 3856551, www.zigzagkyiv.com, Mo.-Do. 9-23, Fr.-So. 9-23 Uhr. In einer ruhigen Seitenstraße hinter dem Goldenen Tor liegt diese In-Location mit hohen Decken, Parkettboden, Intellektuellen, Studenten und roten Stühlen, die Berliner Flair nach Kiew bringt. Dazu passt auch das hauswandhohe Streetart-Gemälde, das man hinter der kleinen Grünfläche gegenüber sieht. Der australische Künstler Guido van Helten schenkte der Stadt ein Bild der ukrainischen Nationalheldin Lesja Ukrajinka und saß während seiner mehrwöchigen Arbeit des Öfteren in der Zig Zag Bar ...

Klubs/Discos

🔴78 [K11] **Caribbean Club,** Wul. Symona Petlury 4, Metro: Uniwersytet, https://caribbean.com.ua, geöffnet: tägl. 18-6 Uhr. Einer der ältesten und seriösesten Nachtklubs von Kiew, untergebracht in einem alten Theater. Jazz- und andere Konzerte finden regelmäßig statt. Die Tequila-Partys holen die Karibik an den Dnepr.

🔴79 [K6] **Closer** €€, Nyschnjurkiwska Wul. 31, Metro: Tarasa Schewtschenka, dann weiter zu Fuß in die Oleniwska Wul., www.facebook.com/closerkiev, geöffnet: Di.-So. 11-20, Fr./Sa. zusätzlich 23-9 Uhr. Dieses alte Fabrikgebäude bietet unvergessliche Technonächte, Rock- und Popmusik oder Jazz-Abende, im Sommer auch tagsüber auf dem Dach. Es lohnt sich, den langen Marsch von der Metrostation auf sich zu nehmen. Die Leute, die Stimmung, die Location – alles erinnert an Berlin in den 1990er-Jahren. Einer der besten Klubs Osteuropas. Dresscode: Sportswear und Matrix-Sonnenbrille. *Face control!*

🔴80 [P10] **DFleur Club,** Wul. Mychajla Hruschewskoho 3 (Eingang bzw. Einfahrt über die Petriwska Aleja), Metro: Majdan, Tel. 2009009, geöffnet: Fr./Sa. 17-6 Uhr Lounge Bar und Terrasse, Nachtklub ab 22 Uhr, http://dfleurclub.com. Eine Luxus-Enklave mit einem Meer von Glitzerkugeln, die DJs und Go-Go-Dancer ins rechte Licht setzt. Ausgelassene Stimmung herrscht hier fast immer. Schon 1939 gab es an diesem magischen Ort hinter dem Dynamo-Stadion einen Nachtklub. Unlängst ist ein Souvenir-Shop dazugekommen - warum auch immer! Der Dresscode ist strikt: Smart Casual sollte auch die Brieftasche sein!

🔴81 [P2] **Disco Radio Hall,** Wul. Nabereschno-Rybalska, Metro: Petriwka, dann zu Fuß über den Moskowskij Prospekt zum Ufer, Tel. 4287388, geöffnet: Do.-So. 22-6 Uhr, Eintritt: ca. 8 €. Der populäre Klub befindet sich auf einem Hausboot und gehört damit zu den originellsten seiner Art in Kiew. Vor allem donnerstags und freitags tobt hier der Bär. Dann nämlich läuft ausnahmslos Disco-Musik der 1980er- (Perestroika-Musik) und 1990er-Jahre. Dafür lohnt es sich, sich aufzuhübschen, um die etwas anstrengenden Türsteher zu bezirzen. Separate Karaoke-Bar.

🔴82 [L6] **Klub Chlib,** Wul. Frunse 12, Metro: Kontraktowa Ploschtscha, Tel. 4173233, geöffnet: Mo.-So. 22-5 Uhr. Einor der angesagtesten Klubs der Stadt. Alles, was Rang und Namen in der DJ-Szene hat, war schon hier. Die karge Ausstattung ist die perfekte Projektionsfläche für die Musik und eine Reduktion auf das Wesentliche (der Klub heißt nicht umsonst „Brot"). Die Musik steht hier im Vordergrund. Dazu tanzt die intellektuelle Elektro-Boheme um die 30 ...

Kiew am Abend

> **EXTRATIPP**
>
> ## Tschasopis – der neue kreative Hotspot
>
> Kiews digitale Bohème trifft sich derzeit in einem alten Zeitungsgebäude aus dem 19. Jahrhundert. Auf 350 m² kann man wahlweise in der Bibliothek, im Garten, im Kaminraum oder im „Bad" lesen, schreiben, surfen (WLAN), reden oder träumen. Gegen Abend finden Veranstaltungen statt, es gibt Livemusik (Jazz und Klassik) sowie Lesungen oder Filme im hauseigenen Kino. Bezahlt wird nach Minuten, Kaffee und Kekse sind inklusive. Ein Wohlfühlort in XXL!
> ⊖88 [M13] **Tschasopis**, Wul. Lwa Tolstoho 3, Metro: Lwa Tolstoho, Tel. 5912535, geöffnet: tägl. 8–20 Uhr oder länger, www.chasopys.ua

⊖83 [K6] **Otel'**, Nyschnjurkiwska Wul. 31, Metro: Tarasa Schewtschenka, dann weiter zur Oleniwska Wul., www.facebook.com/otelletto, geöffnet: Fr./Sa. 23–4 Uhr. In derselben alten Fabrik wie der Closer Club findet sich auch dieser smarte Klub mit Livekonzerten. Techno-DJs aus aller Welt kommen derzeit hierher. Auf Facebook hat der Kultladen schon Tausende Abonnenten.

⊖84 [M7] **Pink Freud Kyiv**, Nischnij Wal 19, Metro: Kontraktowa Ploschtscha, www.facebook.com/pinkfreudkyiv, tägl. 18–24 Uhr. Dieser unkonventionelle Innenhof ist eigentlich eine Bar und keine richtige Disco. Musik gibt es aber reichlich, auch live. Beim Afterwork-Abend trifft man junge, hippe Kiewer, die sich gern von Übervater Freud mit Cocktails therapieren lassen und über die neuesten Streetart-Werke in der Stadt diskutieren. Vom Cityfrog-Magazin wurde der lässige Laden zum besten Klub Kiews gekürt.

⊖85 [K4] **Schema**, Meschyhirska Wul. 82, Metro: Tarasa Schewtschenka, www.c-x-e-m-a.com, geöffnet: tägl. 23–10 Uhr. In diesem Klub (S-chema gesprochen) in einer alten Tetra-Pak-Fabrik finden Techno-, Rave- und andere Partys statt, für die die Fans sogar von anderen Kontinenten herbeieilen. „It seems like the most genuinely and painfully cool party left on earth", sagt der DJ von Electronic Beats INT.

Theater

Die Theaterszene in Kiew ist für den des Ukrainischen oder Russischen nicht mächtigen Sprecher im Grunde eine Zumutung. Das ist schade, hat doch das Sprechtheater in Osteuropa und vor allem in der Ukraine eine lange Tradition. Man erinnere sich nur an Les Courbas, den großen Mimen und Regisseur, der mit Wsewolod Meyerhold und Jewgeni Wachtangow zur sowjetischen Theater-Avantgarde der 1920er- und 1930er-Jahre gehörte. Die Stücke, die heute aufgeführt werden, sind nach wie vor anspruchsvoll, aber nicht unbedingt avantgardistisch. Gespielt werden vor allem die großen Klassiker.

⊖86 [O11] **Iwan-Franko-Akademietheater**, Pl. Iwana Franka 3, Metro: Chreschtschatyk, Tel. 2795921, www.ft.org.ua. Das imposante, 1897 von dem deutschen Architekten Eduard Bradtman im eklektischen Stil erbaute Theater wurde nicht umsonst nach dem großen ukrainischen Schriftsteller Iwan Franko benannt, der Zeit seines Lebens für das Erbe der ukrainischen Sprache kämpfte. Die vornehmlich klassischen Stücke werden alle auf Ukrainisch gespielt. Das ist kein Problem für die bilingualen Hauptstädter, für die Touristen schon.

⊖87 [N11] **Lesja-Ukrajinka-Dramentheater**, Wul. Bohdana Chmelnyzkoho 5,

Metro: Teatralna, Tel. 2344223, www.rusdram.com.ua. Jahrzehntelang wurden alle Stücke auf Russisch aufgeführt. In Anbetracht der Unabhängigkeitsbestrebungen der Ukraine in Bezug auf Russland werden sie jetzt auf Ukrainisch gespielt, immer noch dabei: „Edith Piaf" und „Ein Abend mit Alexander Wertinski".
› **Marionettentheater** (s. S. 117)

Klassische Konzerte

In einem Land, in dem das Singen und Musizieren eine jahrhundertealte Tradition hat, sollte man sich zumindest ein klassisches Konzert anhören. Auf dem Weg eines jeden Kiew-Besuchers liegt die wunderschöne, mit sehr guter Akustik ausgestattete Andreaskirche ㉒, in der fast jeden Abend ein Konzert stattfindet. Die Tickets gibt es vor Ort. Für eingefleischte Klassikfans ist die Philharmonie die richtige Adresse, für Liebhaber von Orgelkonzerten die römisch-katholische (!) Nikolauskirche.

◉**89** [O9] **Nationale Philharmonie**, Wolodymyrskyj Uswis 2, Metro: Majdan, Tel. 2781697, Tickets an der Kasse (tägl. 10–14 und 15–19 Uhr) auch online unter www.filarmonia.com.ua. Brahms, Mozart, Bach, Tschaikowsky, Bartok, Debussy, Schumann ... Das Nationale Symphonieorchester oder das Kiewer Kammerorchester brillieren mit den schönsten Stücken aller großen Komponisten. Für Klassik-Fans ein Muss! Auch der Rahmen ist spektakulär. Das zweigeschossige Kleinod entstand 1863 und wurde 1996 umfassend saniert. Die Säulenhalle wurde nach dem großen Komponisten Mykola Lysenko benannt, der sich um das kulturelle Leben der Stadt zu jener Zeit verdient gemacht hat. Tickets für die um 19 Uhr beginnenden Konzerte siehe Kartenvorverkauf.

◉**90** [M16] **Nikolauskirche – Haus für Orgel- und Kammermusik**, Wul. Welyka Wasylkiwska 75, Metro: Olimpijska, Tel. 5288452 (Kasse tägl. 12–18.30 Uhr, Tickets auch online), http://nicolasparish.org.ua. Die einzige gotische Kirche in Kiew fungiert heute als Heimstatt des Hauses für Orgel- und Kammermusik. Das Ambiente und die Akustik in der Nikolauskirche sind einzigartig, für Westeuropäer vielleicht nicht so sehr wie für orthodoxe Gotteshäuser gewohnte Einheimische. Und doch wird man die zauberhaften Klänge der monumentalen Rieger-Kloss-Orgel noch lange in Erinnerung behalten.

Oper

◉**91** [M11] **Taras-Schewtschenko-Oper**, Wul. Wolodymyrska 50, Metro: Soloti Worota, Tel. 2352606 (Kasse tägl. 11–19 Uhr), www.opera.com.ua, die Vorstellungen beginnen um 19 Uhr. Das beste und schönste Opernhaus der Ukraine lohnt in jedem Fall einen Besuch, den man wohl nie vergessen wird. Der Musentempel wurde 1901 von dem deutschen, in Sankt Petersburg geborenen Architekten Viktor Schroeter erbaut. In dem opulenten Innenraum finden 1650 Besucher Platz. Kiews offizielles Wappen, der „Erzengel Michael", zierte ursprünglich den Haupteingang, was dem damaligen Metropoliten nicht gefiel: „Das Theater ist kein Gotteshaus, in dem man Heilige aufstellen darf."
Die heutige Skulptur zeigt Greife und eine Lyra, das Symbol für Musik. Weltgeschichte wurde hier geschrieben, als 1911 ein Anarchist den Ministerpräsidenten der zaristischen Regierung, Pjotr Stolypin, ermordete. Er hatte eine Landreform geplant, die vermutlich die Oktoberrevolution verhindert hätte. Russ-

land wäre dann vielleicht eine konstitutionelle Monarchie geworden ... 1988 wurde die Oper aufwendig rekonstruiert. Die Ticketpreise sind im Vergleich zu anderen europäischen Großstädten extrem günstig (max. 40 €). An der Tageskasse kann man ab Nachmittag bis wenige Minuten vor Beginn der Vorstellung Karten für denselben Abend kaufen, es sei denn, das Spektakel ist ausverkauft. Die Opern werden oft auf Italienisch gesungen.

Kino

Kinos verschwinden allmählich aus dem Stadtbild. Eines der ältesten und schönsten noch verbliebenen zeigt auch Filme in englischer Originalversion:
- 92 [N13] **Kyiv**, Wul. Welyka Wasylkiwska 19, Metro: Pl. Lwa Tolstoho, Tel. 2347381, www.kievkino.com.ua

Kartenvorverkauf

- 93 [O11] **Parter**, Wul. Horodezkoho 8 (im roten Doppeldeckerbus auf dem Trottoir oder in der Eingangshalle des Ukraine-Kinos dahinter), Metro: Majdan, Tel. 2878787, www.parter.ua. Die Website gibt auch auf Englisch Auskunft. Dieser Anbieter nimmt ca. 2 € Provision pro Karte und hat tägl. von 11 bis 20 Uhr geöffnet.
- 94 [N11] **ZTK (CTK)**, Chreschtschatyk 21, Metro: Chreschtschatyk, Tel. 2346066. Mo.–So. von 9–20 Uhr kann man in diesen aufgehübschten Kiosken Tickets für alle Veranstaltungen im Stadtgebiet kaufen.

> *Kosaken sind Kult, ob aus Plüsch oder als Matrjoschka!*

Kiew für Shoppingfans

Shopping ist bei den jüngeren Kiewern sehr beliebt. Bücher, Kleidung und Souvenirs findet man auf dem Chreschtschatyk und in den Shoppingcentern. Neu sind nicht nur Gaumenfreuden, sondern auch Waren „made in Ukraine", die man unter anderem in kleinen Boutiquen findet.

Souvenirs

- 95 [N14] **Dynamo Kiev Fan Shop**, Wul. Welyka Wasylkiwska 55 (am Eingang zum Olympiastadion), Metro: Olimpiiska, Tel. 0631485555, www.shop-fcdk.com, Mo.–Fr. 10–20 Uhr. Schöne Fanartikel aller Art finden Fußballfans in diesem XXL-Shop neben dem Stadioneingang eines der besten Vereine der Welt. Retrotrikots (Adidas), DVDs mit den besten Spielen, Bücher, Handyhüllen, Taschen und Rucksäcke, Wimpel, Tassen ... Das alles auch im Internet, verschickt werden die Artikel über USPS Global Priority Mail.
- 96 [M8] **Fluranet Jiva-Shop**, Andrijiwskyj Uswis 22b, Metro: Kontraktowa Ploschtscha, Tel. 4251328, www.flura.net, geöffnet: Mo.–So. 9.30–18.30 Uhr. Liebhaber fluoreszierender Neonaccessoires sollten den schummrigen kleinen Laden nicht verpassen. Auch Aromen und ethnische Kleidung aus dem asiatischen Teil der früheren Sowjetrepubliken gibt es hier. Und eine Rastalockengrundausstattung – warum auch immer!
- 97 [N10] **folkmart (1)**, Wul. Sofiiska 1, auf dem Majdan, vor McDonald's, Metro: Majdan, Tel. 4658282, https://folkmart.ua. Hochwertige Stoffblusen *(wyschiwanky)*, *ruschnyky* (gewebte Folkloretücher), aber auch Original-Matrjoschkas, Tischdecken und Puppen, alles feinste ukrainische Handarbeit. Souvenirs ohne Kitschfaktor. Neben diesem zentralen Kiosk gibt es noch weitere Geschäfte über die Stadt

Kiew für Shoppingfans

Top-5-Souvenirs aus Kiew

> **Kiew – Fotoalbum:** In diesem handlichen Büchlein sieht man Kiew aus tausendundeiner Perspektive. Panoramafotos aus dem Hubschrauber zeigen, wie dicht bebaut die 3-Millionen-Metropole ist ... und wie schön (5 €).

> **Kosakenmatrjoschka:** Wer kennt sie nicht, die ineinander verschachtelten Holzpuppen, die noch immer von Hand bemalt werden. Aus der traditionell weiblichen Figur einen männlichen Kosaken zu machen, das schaffen allerdings nur die Ukrainer (zu kaufen bei folkmart (siehe links, ab 20 €).

> **Wyschiwanka:** Fashionistas in aller Welt tragen die weißen, mit diversen traditionellen Mustern bestickten Blusen. Jede Region hat ihre eigenen Farben, die Kiewer Variante ist weißgrundig mit korallenroten Applikationen und etwas Schwarz (zu finden bei Ruta und Wsi.Swoji, s. S. 80). *Klassno!*

> **Roshen-Schokolade:** kleine Tafeln, die berühmte Kiewer Torte oder eine Familienpackung Kiew-Pralinen aus der früheren Karl-Marx-Fabrik, zu finden im Shop auf dem Chreschtschatyk (s. S. 32) und in Lebensmittelgeschäften, spätestens am Flughafen.

> **Fanartikel vom FK Dynamo Kiew:** Das Dynamomaskottchen gibt es für 10 € im Dynamo Kyiv Fan Shop am Olympiastadion (siehe links).

Shoppingareale

Die wichtigsten Shoppingbereiche der Stadt sind im Kartenmaterial mit einer rötlichen Fläche markiert.

verteilt, eine Filiale ist auch im Globus-Einkaufszentrum unter dem Majdan zu finden (s. S. 79).

- 🛍98 [N12] **folkmart (2),** Chreschtschatyk 13/2, Metro: Majdan, https://folkmart.ua, geöffnet: tägl. 10–21 Uhr. Direkt auf dem großen Chreschtschatyk-Boulevard kann man in diesem riesigen neuen Laden ein oder mehrere authentische Souvenirs für wenig Geld finden: Stickereien, Tücher, Keramikgefäße oder Holzschalen mit den traditionellen Motiven aus der Ukraine und Kosaken-Matrjoschkas.
- 🛍99 [N10] **Gapchinska (Hapchynska) Gallery,** Mychajliwska Wul. 16 (1. Stock), Metro: Majdan, https://gapchinska.com (mit Online-Shop), geöffnet: Mo.–Fr. 10–18 Uhr. Die possierlichen, pastellfarbenen Engelspuppen der Künstlerin Ewhenia Hapchynska findet man auf Aquarellen, Kalendern, Handyhüllen, Taschen, Decken, Karten etc. Bekannt wurde die wohl populärste ukrainische Künstlerin der Gegenwart mit Kinderbuchillustrationen (z. B. für die ukrainische Version von „Alice im Wunderland"). Meist haben die bis nach Chile exportierten Puppen mit den kugelrunden Gesichtern die Augen geschlossen, so als würden sie gerade träumen, wovon auch immer.
- 🛍100 [N7] **Imperija Mecha,** Bratska Wul. 14, Metro: Kontraktowa Ploschtscha, geöffnet: Mo.–Fr. 10–19, Sa./So. 11–19 Uhr. *Schapkas,* die echten russischen/ukrainischen Pelzmützen, gibt es hier zu kaufen. Man riskiert allerdings zumindest vor Ort seltsame Blicke. Das Sowjetrelikt tragen in Kiew nur noch ergraute Herren und Damen ab 60!
- 🛍101 [N14] **Klitschko Souvenir-Shop,** Museum der Klitschko-Brüder, Wul. Welyka Wasylkiwska 55, Metro: Olimpiiska, Tel. 099 1024448, http://klitschkoexpo.com, Mi.–So. 10–18 Uhr. Wer sich in dem Klitschko-Museum auf Spurensuche der ukrainischen Nationalhelden begibt, nimmt bestimmt ein Souvenir mit. Im Shop findet man Handy-Hüllen, Briefmarken, T-Shirts, Mützen etc. mit dem Konterfei der beiden Box-Weltmeister der Herzen. Der Dr.-Steelhammer-Rucksack ist vielleicht *too much!*
- 🛍102 [N12] **PODVAL Art Store,** Chreschtschatyk 46a, Metro: Teatralna, Tel. 380 957136767, www.facebook.com/art.store.podval, geöffnet: tägl. 11–20 Uhr. T-Shirts, Taschen, Blöcke, Tee, Honig und viele andere Kleinigkeiten „made in Ukraine" findet man in diesem schönen Kramladen in einem Hof an der großen Magistrale Chreschtschatyk.
- 🛍103 [N12] **Pravda,** Chreschtschatyk 46a, Metro: Chreschtschatyk (gegenüber von PODVAL), www.pravda.beer, Mo.–Do. 14–24, Fr.–So. 12–2 Uhr. Niemand trinkt hier das in Lemberg gebraute, unbedingt zu probierende Bier, ohne mindestens eine der Flaschen mit den irren Motiven (Trump, Trudeau, Putin, Frau Ribbentrop) mitzunehmen. Leichter zu transportieren sind die passenden Bierdeckel, T-Shirts oder Schlüsselanhänger.
- 🛍104 [N12] **Roshen,** Chreschtschatyk 29, Metro: Chreschtschatyk (Ausgang Khreshchatyk Street, Bus Nr. 24), Tel. 2351252, geöffnet: Mo.–So. 8–22 Uhr, www.roshen.com. Die ukrainische Süßwarenproduktionsfirma von Ex-Präsident Poroschenko ist eine der größten ihrer Art in Europa. Probieren sollte man auf jeden Fall „Kiewskij Tort" und Roshen-Trinkschokolade am Stiel ... XXL-Filiale am Kontraktowa Ploschtscha.

Spielwaren

- 🛍105 [L11] **Budynok Ihraschok,** Wul. Bohdana Chmelnyzkoho 33/34, Metro: Uniwersytet, Tel. 0800 301130, www.ihrashky.ua, geöffnet: Mo.–So. 9–21 Uhr. Hochwertige Spielwaren aus Holz, Schreibwaren, Scrabble mit kyrillischen Buchstaben ...

Bücher

▲106 [N11] **Bukwa,** Wul. Bohdana Chmelnyzkoho 3b, Metro: Teatralna, Tel. 2796438, www.bukva.ua, tägl. 9–21 Uhr. In dieser zentral gelegenen Buchstabenwelt (*bukwa* bedeutet Buchstabe) gibt es eine große Auswahl an russischen, ukrainischen und englischen Büchern. In dieser Filiale kann man auch deutsche Reiseführer finden.

▲107 [M11] **Knyharnja Je (1),** Wul. Lycenka 3, Metro: Soloty Worota, Tel. 2358850, geöffnet: Mo.–So. 9-21 Uhr, https://book-ye.com.ua. In einer Seitenstraße hinter dem Goldenen Tor geht es in einen Hinterhof und ins Untergeschoss. Sehr gut sortiert ist diese Kette mit dem stilisierten €-Zeichen als Logo. Auch Lesungen werden hier abgehalten. Kiew-Bücher in mehreren Sprachen, ukrainische, englische und russische Titel. Gutes Kartenmaterial.

▲108 [M7] **Knyharnja Je (2),** Wul. Spasska 5, Metro: Kontraktowa Ploschtscha, Tel. 3511338, geöffnet: Mo.–So. 9–21 Uhr. Neben dem Metroausgang links ist der Eingang zur zweiten Filiale des Bücher-Eldorados. Hier gibt es auch einen Euromajdan-Bildband.

▲109 [M12] **Kyjiwskij Budinok Knihi (Kiewer Bücherhaus),** Wul. Lwa Tolstoho, tägl. 10–21 Uhr. Auf drei Etagen bietet diese alteingesessene Buchhandlung eine große Auswahl an russischer (eine Seltenheit) und ukrainischer Literatur, CDs und Kinderbüchern. Der zu dem Geschäft gehörende Verlag hat ein Kinderbuch herausgegeben, das von Lesja Ukrajinka verfasst wurde (s. S. 54).

Shoppingmall

▲110 [N13] **Gulliver Shopping Mall,** 1a Ploschscha Sportiwna, Metro: Ploschtscha Lwa Tolstoho oder Palaz Sportu, http://gullivercenter.com, geöffnet: tägl. 10–22 Uhr. Von allen Malls in Kiew ist dies die zentralste und die vielleicht ansprechendste. In den unteren (schön hellen) Stockwerken finden sich Boutiquen, auch eine Filiale von „UA made" mit Mode und Accessoires von jungen ukrainischen Designern (im zweiten Stock) gibt es. Außerdem alle gängigen Marken wie Adidas, Bershka, Crocs, Zara, Falke etc. sowie eine Apotheke im EG und eine Bukwa-Filiale (siehe links) im 3. Stock. In den oberen Etagen finden sich Gulliver Bowling, das Oscar-Kino, ein Bällebad für die Kleinen und – natürlich – ein Foodcourt (the Varenik, Salatnik, My! Burgers, Pirogi).

Kleidung/Design

▲111 [N10] **Adidas,** Wul. Welyka Wasylkiwska 102, Metro: Olimpiiska, Tel. 5293461, www.adidas.net.ua, geöffnet: tägl. 10–21 Uhr. Dies ist keine Shoppingmall, sondern eine Einzelhandelsfiliale des deutschen Markenlabels mit Schuhen, Oberbekleidung und Accessoires. Die Retro-Linie „Originals" mit den Old-school-Klamotten ist in Kiew mega-angesagt. Die meisten Entwürfe kann man nicht in Deutschland kaufen! Sie werden eigens für die einheimischen Märkte im Ausland produziert. Filiale in der Gulliver Shopping Mall (siehe links).

▲112 [N12] **Cabanchi,** Basejna Wul. 13, Metro: Ploschtscha Lwa Tolstoho, http://cabanchi.com, geöffnet: tägl. 11–19 Uhr, Tel. 2355703. Die Fashion-Bloggerin Tanya Litkowska lobt die meist unifarbene junge Mode aus Joggingstoff, die ukrainische Designer entwerfen und nähen. Casual und elegant sind die Kleider und Röcke, zu denen unbedingt weiße Turnschuhe getragen werden müssen. Ohne die geht in Kiew derzeit nix.

▲113 [N10] **Globus 1,** Majdan, Metro: Majdan, Tel. 3711137, www.globus.

Kiew für Shoppingfans

> **EXTRAINFO**
>
> **Majdan-Film**
> Der preisgekrönte ukrainische Regisseur Sergei Loznitsa dokumentiert in seinem eindringlichen Film „Maidan" die Euromajdan-Revolution und das Erwachen einer Zivilgesellschaft (mit englischen Untertiteln, im Internet bestellbar).

com.ua, geöffnet: Mo.–So. 10–22 Uhr. Kleidung, Schuhe und Accessoires findet man auch in Kiews zentralstem Einkaufszentrum unter dem Platz der Unabhängigkeit. Unter den Bullaugen befindet sich Globus 1, Eingang vor McDonald's. Hinter und unter der schrägen Halbmondglasfassade liegt auf der anderen Seite des Platzes Globus 2. Beide sind unterirdisch miteinander verbunden. Im Globus 1 gibt es einen Fashion Ukraine Shop (3. Linie, Niveau 1) und einen UAMade Store (1. Linie, Niveau 1) mit ukrainischer Mode … sowie einen Billa-Supermarkt.

114 [O10] **Globus 2**, Majdan, Metro: Majdan, Tel. 5901896, www.globus.com.ua, geöffnet: tägl. 10–22 Uhr. Hinter und unter der Glasfassade auf dem Majdan liegt Globus 2. In diesem neueren Teil des riesigen Einkaufsparadieses findet man schöne Kinderkleidung, Spielsachen sowie Mode und Schuhe.

115 [N11] **Ruta**, Wul. Architektora Horodezkoho 4a, Metro: Chreschtschatyk (Ausgang Horodetskoho Street), Tel. 2790090, http://rutashik.com, geöffnet: Mo.–So. 11–20 Uhr. Handbestickte, eher klassische *wyschiwanky* (s. S. 77) ab etwa 120 € für Damen und Kinder mit feinsten ukrainischen Mustern, aber auch die *ruschnyky* genannten Folkloretücher und Stoffteddys gibt es hier. Authentische Kiewer Mitbringsel!

116 [N10] **Wikno u DWir (Okno Wo dWor)**, Mychajliwska Wul. 24, Metro: Majdan, www.facebook.com/oknovodvor, geöffnet: tägl. 12–20 Uhr. Lässige, sauber verarbeitete und preisgünstige ukrainische Mode im ersten Showroom in Kiew, der nur Waren aus heimischer Produktion anbietet (mehr als 200 Marken). Wenn man schon mal da ist, sollte man auch noch in der Gapchinska Gallery (s. S. 78) vorbeischauen.

117 [N12] **Wsi.Swoji**, Chreschtschatyk 27, Metro: Chreschtschatyk oder Teatralna, www.facebook.com/vsi.svoi.store, Tel. 2575757, geöffnet: tägl. 10–22 Uhr. Mehr als 150 ukrainische Klamottenmarken finden sich hier unter einem Dach auf vier Etagen versammelt. Anna Lukowkina hatte die Idee zu diesem patriotischen Post-Majdan-Projekt-Store mit einer fantastischen Auswahl. Die schönen Sneakers aus heimischer Produktion von Kachorowska sind auch hier zu bekommen.

118 [N11] **ZUM (TSUM)**, Chreschtschatyk 38, Metro: Teatralna, Tel. 5000292, http://tsum.ua, geöffnet: tägl. 10–22 Uhr. Die Grande Dame unter den Kiewer Kaufhäusern ist ein Konsumtempel erster Güte geworden. Nach jahrelangem Umbau des denkmalgeschützten, sechsgeschossigen Konstruktivismusbaus erfreut sich das frühere Zentralnyj Uniwersalnyi Magasin (ZUM) größter Beliebtheit. Mit Atriumcafé, Aussichtsterrasse, Snack- und Cocktailbars. Weltstadtflair mitten in Kiew – ein Hotspot!

Elektrozubehör

119 [N10] **Rozetka**, Chreschtschatyk 20–22, Metro: Majdan, https://rozetka.com.ua, tägl. 10–21 Uhr. In dieser riesigen Filiale gibt es eine große Auswahl an Computer- und Fotozubehör sowie Kleinelektronik, aber auch Schreibwaren, Spielzeug und Süßwaren.

Kiew für Mystiker: „Die Hexen von Kiew"

„Tatsächlich weiß kein Mensch, wie alt Kiew wirklich ist. Diese Erkenntnis traf mich wie ein Schlag, als ich in die Geschichte der Stadt eintauchen wollte. Ich erinnere mich daran, wie Kiew in meiner Kindheit mit Pomp und Prunk seinen 1500. Geburtstag feierte. (...) Archäologischen Zeugnissen zufolge ist Kiew 6000 Jahre alt. Einer anderen Beweisführung nach 1300. Wieder andere Stimmen setzen seine Gründung um Christi Geburt an. Üblicherweise wird behauptet, dass die erste Stadt von Kyj gegründet wurde. Aber niemand weiß mit Sicherheit, ob Kyj wirklich existierte. Wer er war - ein Fürst oder ein Fährmann über den Dnepr -, weiß auch niemand („nach allgemeiner Übereinkunft' ein Fürst). Das einzige historische Zeugnis für Kyjs Existenz ist die Nestorchronik. (...) Die Geschichte ist auch nur ein Märchen!" (Lada Lusina im Nachwort von „Die Hexen von Kiew")

Mit einem fulminanten Hexenroman hat sich die als „beste Schriftstellerin der Ukraine" ausgezeichnete Journalistin und Restaurateurin in das Herz ihrer vielen Leser geschrieben. Seit dem Jahr 2008 gibt es den 500 Seiten starken Titel auch auf Deutsch. Er ist nun auch als Taschenbuch erhältlich.

Die Fantasy-Geschichte nimmt den Leser mit auf eine Abenteuerreise durch das mystische Kiew und macht Halt an allen touristisch interessanten Punkten. Der Klassiker „Der Meister und Margarita" von Michail Bulgakow fungierte scheinbar als Inspirationsquelle.

Niemand weiß, warum drei junge Frauen am Vorabend der Johannisnacht in Kiew zusammenkommen. Eine Geschäftsfrau, eine Nachtklubsängerin und eine Studentin werden plötzlich in Hexen verwandelt, ohne es zu wissen. Sie finden sich mitten in der Nacht vor einem alten Buch auf dem Kahlen Berg (Hexenberg genannt) im Süden der Stadt wieder. Hier sollen einst die Sabbate der Hexen, Werwölfe und Teufel stattgefunden haben. Heute sind dort nur noch Erdwälle zu sehen ... Katja, Dascha und Mischa trauen ihren Augen nicht, als sie feststellen, dass sie in die Vergangenheit reisen können. Das Buch gibt ihnen eine Mission mit auf den Weg: Sie sind die Hüterinnen Kiews und müssen drohenden Schaden von der Stadt fernhalten. Und so reiten sie auf ihren Besen im Himmel über der Stadt und machen sich, hundert Jahre nachdem Michail Wrubel ihn in seinem Gemälde verewigte, auf die Suche nach dem „Dämon".

Lebensmittel

Über das ganze Stadtgebiet verteilt findet man die kleinen und etwas größeren Tanta-Emma-Läden, genannt „Gastronom" *(гастроном)*. Sie sind nicht leicht zu erkennen. Die Schaufenster sind lieblos hergerichtet, manchmal von außen sogar vergittert. Dafür hat man eine recht große Auswahl.

Mineralwasser oder Wasser zum Zähneputzen bekommt man zu später Stunde auch in Apotheken *(аптека)*, in einigen rund um die Uhr.

🔒120 [N12] **Billa (1)**, Bessarabska Pl. 2, Metro: Pl. Lwa Tolstoho, www.billa.ua, geöffnet: tägl. 8–22 Uhr. Die inzwischen

Kiew zum Träumen und Entspannen

Quasi an jeder Straßenecke gibt es einen Park, in dem man gemütlich, meist sogar in einem Café sitzen kann. Besonders schön sind der Botanische Garten, der Schewtschenko-Park und der Wladimir-Hügel. Letzterer ist jetzt durch eine Aussichtsbrücke [09], die 2019 eröffnet wurde, mit dem Bogen der Völkerfreundschaft 32 verbunden. Für Romantiker ist jeder Klosterbesuch ein Erlebnis. Auch die Strände der Truchanow-Insel laden zum Träumen ein.

Wydubyzkyj-Kloster 43 und Botanischer Garten

In schönster Hanglage glitzern die Kuppeln des romantischen Wydubyzkyj-Klosters durch dichtes Grün. Liebhaber russischer Kirchen finden hier gleich drei Zwiebelturmarten versammelt: Gold als Symbol der Sonne, Blau mit Sternen als Abbild des Himmels und Grün als Spiegel der Natur. Damit nicht genug, liegt das Kloster direkt am Eingang zu einem der schönsten Botanischen Gärten der Welt. Nicht nur Botanik-Fans kommen hier auf ihre Kosten. Selbst wenn man für die vielen Spazierwege und Gewächshäuser (die für Kakteen und Orchideen sind die schönsten!) keine Zeit hat, lohnt der Blick von den Hügeln hinab auf das Kloster. Im Mai erblüht hier die Fliederallee.

- ●123 [T18] **Botanischer Garten**, Wul. Tymirjasjewska 1, Metro: Petscherska, dann mit dem Bus 62 oder Trolleybus 14 bis zur Endstation, www.nbg.kiev.ua, geöffnet: tägl. 8.30–21, im Winter nur bis 19 Uhr

in deutsche Hände (Rewe) übergegangene österreichische Supermarktkette ist hervorragend sortiert. Hier kann man auch Käse, Vollkornbrot und ein Fläschchen Wein kaufen und den Tag mit dem Proviant im Schewtschenko-Park um die Ecke ausklingen lassen.

- ▶ **Billa (2)**, Majdan, im Globus 1 (Eingang in der Kuppel vor McDonald's), Metro: Majdan, geöffnet: tägl. 7–23 Uhr. Dieser Ableger der Billa-Kette, der auch über ein XXL-Weinsortiment verfügt, bietet noch mehr Auswahl als Billa (1). Ein freundlicher Leser empfiehlt aus dem Angebot außerdem ukrainische Köstlichkeiten wie Birkensaft und Zedernkerne in Schokolade!
- 🔒121 [K9] **Polyana**, Obserwatorna 12a, Metro: Soloti Worota, besser Bus ab Michaelskloster, Tel. 2371352, www.polyana.ua, geöffnet: tägl. 10–22 Uhr. Weinliebhaber werden in einer der elf Polyana-Filialen in jedem Fall fündig. Große Auswahl von Weinen aus aller Welt, ukrainische Spirituosen sind auch dabei.
- 🔒122 [N8] **Widenski Bulotschky**, Puschkinska Wul. 1–3/5, Metro: Teatralna, Tel. 2705390, http://videnski-bulochky.com.ua, geöffnet: Mo.–Mi. 8–22, Do./Fr. 8–23, Sa./So. 9–21 Uhr. Eine Franchise-Filiale für Backwaren mit vielen Ablegern in ganz Kiew. Hier gibt es auch Coffee-to-go und dazu leckere Törtchen, Landbrötchen oder Croissants. Widenski macht der ukrainischen Brottradition alle Ehre.

> **EXTRATIPP**
>
> Die beste Einstimmung auf einen Kiew-Besuch ist der vierminütige Film „Mini-Kiev", für den Efim Graboy und Daria Turetski 25.000 Schnappschüsse, fünf Tage und zwei Nächte gebraucht haben … All das aus Liebe zu ihrer Heimatstadt. Ein Meisterwerk! Zu sehen unter:
> http://vimeo.com/38388574

Wladimir-Hügel [09]

Schon Boris Pasternak schwärmte von dem Hügel mit dem schönen Panoramablick auf den Dnepr und die Unterstadt. Herrlich romantisch ist der Metallpavillon aus dem Jahr 1898. Nicht umsonst sitzen hier viele Liebespaare.

Weiter unten am Berg steht auf einem 16 Meter hohen Sockel in Form einer byzantinischen Kapelle das fast fünf Meter hohe Denkmal „Fürst Wladimir". Auf dem Postament befinden sich das Wappen von Kiew und ein Hochrelief, das die Taufe seiner Söhne im Dnepr zeigt. Ehrfurchtsvoll schweift Wladimirs Blick auf die Stelle, an der sie getauft wurden. In der einen Hand hält er das Kreuz, in der anderen seine Kopfbedeckung. Kein Geringerer als der deutsche Baumeister Alexander Thon entwarf 1853 dieses erste und imposanteste Skulpturendenkmal Kiews. Folgt man dem Weg bis nach unten, gelangt man (wieder) zur Talstation des Funicular ㉑. Die neue Fußgängerbrücke zum Bogen der Völkerfreundschaft ㉜ ist mit einem Glasboden ausgestaltet.

> Denkmal des heiligen Wladimir, Metro: Poschtowa Ploschtscha, dann mit dem Funicular nach oben fahren. Dort angekommen geht es links am Michaelskloster vorbei durch den Park Richtung Dnepr.

Truchanow-Insel [P8]

Die einstige „Lustinsel" der Zaren bietet einen herrlichen, nicht überfüllten Sandstrand und exklusive Panoramablicke auf die Stadt. Der Name stammt wahrscheinlich von dem Stammesfürsten „Tugorkhan". Von 1941 bis 1943 war hier der Bootsklub der Wehrmacht.

> Metro: Majdan, dann zum Europaplatz und von dort zu Fuß den Hügel hinab bis zur Brücke, oder zu Fuß ab Poschtowa Ploschtscha

Askolds Grab

Der Name des gütigen Herrschers Fürst Askold brannte sich für immer in das Herz der Bewohner von Kiew, als der Warägerfürst Oleg ihn heimtückisch ermordete. Askold ließ sich noch im Jahr 860 auf den Namen Nikolaj taufen und unternahm aufrichtige Versuche, das Christentum einzuführen. Aus diesem Grund vermutlich besuchte Papst Johannes Paul 1992 die 1810 über Askolds Grabstätte errichtete **Nikolauskirche** (Sw. Nykolaja). Vielleicht aber auch, weil Askolds Grab mitten im Grünen als einer der romantischsten Orte Kiews gilt.

> Metro: Arsenalna. Aus der Metro Arsenalna kommend geht es ganz links zwischen der Station und den Häusern hindurch bis zur Treppe. Die Treppe runter überquert man die Straße und geht rechts abwärts durch den Park, immer der Straße entlang, bis das gelb-weiße Kleinod auftaucht.

Pirohowo Freilichtmuseum für Volksarchitektur ㊷

Wer Lust auf eine Landpartie hat und immer schon wissen wollte, wie es ist, mit einer Zeitmaschine im 16. Jahrhundert zu landen, der kann vor den Toren der Hauptstadt fündig werden. Auf einem 150 Hektar großen Areal sind dort über 300 Originalbauten aus dem 16. Jahrhundert harmonisch angeordnet, die aus den verschiedensten Regionen der Ukraine hierher gebracht wurden.

Kiew zum Träumen und Entspannen

EXTRATIPP

Der Hidropark
Für ein sommerliches Bad in der Menge eignet sich ein Ausflug in den Hidropark, der die andere große Kiew-Insel okkupiert, schon. Wie in einem gigantischen Freizeitpark reihen sich Sonnenschirme, Kirmesbuden und Beachvolleyballfelder aneinander. Schaschlikduft liegt in der Luft. Und doch sind die Strände der „Bucht von Venedig", wie der südliche Teil seit den zahlreichen Überschwemmungen im 19. Jh. genannt wird, durchaus ansehnlich. Der malerisch gelegene Miniaturenpark oder das Open-Air-Fitnessstudio Katschalka rechts vom Browarskyj Prospekt lohnen einen Besuch ...

★**124** [V11] **Hidropark,** Metro: Hidropark, rechter Metroausgang, von da zu Fuß weiter geradeaus und dann rechts zum (einsameren) Strand oder durch den Wald zum Restaurant, zum Katschalka und zum Miniaturenpark (ca. 20 Minuten)

★**125** [V11] **Miniaturenpark,** Browarskyj Pr. 9w, Metro: Hidropark, Ausgang rechts und dann rechts weiter. Hinter den Verkaufsständen führt ein Waldweg rechts weiter, www.minikiev.kiev.ua, geöffnet: Mo.–Fr. 10–19, Sa./So. 10–20 Uhr, Eintritt: 1 €. Dieses Miniaturwunderwerk müsste es in jeder sehenswerten Stadt geben. Im Maßstab 1 : 33 stehen 50 Miniaturen nah beieinander. Liebevoll nachgebaut, aus wetterfestem Material hergestellt und täuschend echt sind die Miniexponate, anhand derer die Schönheit der Originale einem erst richtig bewusst wird.

023ki Abb.: hmj

Zur richtigen Zeit am richtigen Ort

Über das ganze Jahr verteilt gibt es unzählige schöne Feste, die von den Kiewern ausgiebig gefeiert werden. Feiern ist wie das Singen und Musizieren integraler Bestandteil der ukrainischen Volksseele. Neu sind Streetfood-Festivals (www.facebook.com/ulichnayaeda) und Flohmärkte für einen guten Zweck wie etwa Kurazh Bazar (www.facebook.com/kurazhbazar). Sie finden jedes zweite Wochenende von März bis November an wechselnden Orten statt.

Januar

> 1991 wurde das **orthodoxe Weihnachtsfest** am 7. Januar wieder zum Feiertag erklärt. Es wird heute mit geschmückten Tannenbäumen, Krippen und Weihnachtsliedern als das zweitwichtigste Fest des Jahres (nach Ostern) gefeiert. Dazu gehört der Besuch der Mitternachtsmesse am Heiligen Abend (6. Januar) von 23 bis ca. 4 Uhr morgens.

Februar

> Im Februar, eine Woche vor Beginn der siebenwöchigen Fastenzeit, die an Ostersonntag endet, wird in der ganzen Stadt eine Woche lang **maslo tyschden** (die „Butterwoche", *maslo* = Butter) zelebriert. An öffentlichen Plätzen und in vielen Restaurants werden rund um die Uhr ukrainische Pfannkuchen *(mlynzi)* gebacken.

März

> Am **Internationalen Frauentag** (8. März) werden generationsübergreifend die Damen im familiären oder geschäftlichen Umfeld mit einem Blumenstrauß beglückt und auch sonst auf Händen getragen!
> Mit Mode verwöhnt werden die Frauen bei der alljährlichen, meist im März stattfindenden **Ukrainian Fashionweek** (http://fashionweek.ua).

April

> **Ostern** *(pascha)* ist das wichtigste religiöse Fest in der Ukraine. Der Kirchenbesuch ist obligatorisch, bunte Ostereier werden in Eigenarbeit angefertigt und in der Messe vom Priester geweiht.

Mai

> Als Relikt aus Sowjetzeiten wird am 1. Mai der **Tag der Arbeit** begangen. Fällt der Feiertag auf einen Sonntag, wird den Helden der Arbeit der Montag geschenkt.
> **Tag des Sieges:** Am 9. Mai findet alljährlich eine große Siegesparade auf dem Chreschtschatyk statt. Auch bei dem großen Abendfeuerwerk wird der Sieg über Nazideutschland im Zweiten Weltkrieg gefeiert.
> **Kiew-Tag:** Das größte und schönste Straßenfest findet am letzten Maiwochenende auf dem Andreasstieg statt. Ganz Kiew feiert seine Stadt und das historische Erbe.
> Das **Elektro-Musik-Festival Strichka** wartet zuweilen mit 40 international bekannten DJs auf, die nie vor 10 Uhr am nächsten Tag Schluss machen (www.facebook.com/events/closer/strichka-festival-2019/2141353472566406). Über die Lokalitäten informiert die Facebook-Seite.
> Ende Mai sorgt das **Internationale Kiewer Filmfest Molodist** (www.molodist.com) seit 1994 immer wieder für hohes Sternchenaufkommen in der Hauptstadt.

◁ *Datscha-Feeling am Rusaniwska-Ufer im Hidropark*

Juli

› Am 7. Juli wird die **Sommersonnenwende** zelebriert. Der Brauch geht auf eine heidnische Tradition aus dem Mittelalter zurück, die Taufe von Iwan Kupala. Die orthodoxe Kirche vereinnahmte den Brauch als Reinigung durch Feuer und Wasser. Blumenkränze mit Kerzen werden auf das Wasser gesetzt, in den Wäldern werden Farne gesucht, an Lagerfeuern klingt der Tag aus.

August

› **Tag der Unabhängigkeit:** Eine gigantische Militärparade und ein Feuerwerk prägen den 24. 8. Dabei wird der Unabhängigkeitserklärung der Ukraine von der Sowjetunion im Jahr 1991 gedacht.
› **Brave! Factory Festival:** Ende August gibt es das ultimative Line-up für die verrückteste Techno-Rave-Party vor Grönland (www.facebook.com/bravefactoryfestival). DJs aus fünf Kontinenten rocken auf sechs Bühnen in einem ausrangierten Eisenbahndepot oder an anderen skurrilen Orten. Die 30 Stunden vergehen wie im Flug …

September

› **Konzerte** und **Streetfood-Festivals** stehen auf dem Areal der Kunstfabrik „Platforma" (Metro: Lisowa) im Vordergrund. Bevor der Winter kommt, finden im September noch die letzten Open-Air-Partys statt (https://artzavodplatforma.com/ru). Die Fabrik hat aber das ganze Jahr geöffnet. Aktuelle Events siehe Website.

Oktober

› Der **Tag der Befreiung Kiews** am 28. Oktober verläuft eher unspektakulär.

Gesetzliche Feiertage
› 1. Januar: Neujahr *(nowyj rik)*
› 7. Januar: Orthodoxes Weihnachtsfest *(risdwo)*
› 8. März: Internationaler Frauentag *(mischnarodnyj schinotschyj den)*
› 12. April 2020, 4. April 2021, 17. April 2022: Ostern *(welikden)*
› 1./2. Mai: Tag(e) der Arbeit *(den prazy)*
› 9. Mai: Tag des Sieges *(den peremohy)*
› 23. Mai 2021, 5. Juni 2022: Pfingsten *(pjatydesjatnyzja)*
› 28. Juni: Tag der Verfassung *(den konstytuziji)*
› 24. August: Unabhängigkeitstag *(den nesaleschnosti)*

November

› Am 7./8. November steht der **Tag der Oktoberrevolution** von 1917 auf dem Kalender. Gefeiert wird er in erster Linie im Privaten.

Dezember

› Der 19. Dezember ist der Tag, an dem der **Nikolaus** die Kleinen beschenkt. Dem 24. Dezember, dem katholischen Weihnachtsfest, wird wenig Bedeutung beigemessen. Es gilt als Auftakt für die Neujahrsfeierlichkeiten.
› **Silvester** ist in Kiew ein ausgelassenes Fest. Überhaupt feiern die Ukrainer exzessiv. Die jüngere Generation fängt schon am 24. Dezember, dem „europäischen" Weihnachten an, ausgiebig dem neuen Jahr entgegenzufeiern. Immerhin war Silvester zu Sowjetzeiten infolge der atheistischen Tendenzen wichtiger als das religiöse Weihnachten.

KIEW VERSTEHEN

Kiew – ein Porträt

Die Schatztruhe

Die Bilder vom brennenden Majdan im Februar 2014 haben die touristische Attraktivität Kiews nur kurzzeitig geschmälert. Sie haben eher das Interesse an der Stadt geweckt, die zu den kostbarsten Schatztruhen Europas gehört. Neben den UNESCO-Welterbestätten gibt es viele andere **architektonisch sehenswerte Hinterlassenschaften** wie 1920er-Jahre-Bauten und Jugendstilgebäude zu entdecken. In den Kunstmuseen schlummern ungeahnte Kostbarkeiten. Weltweit einzigartige Fresken und Ikonen schmücken die Kirchen. Darüber hinaus überrascht die „Stadt auf den sieben Hügeln" den Besucher mit ihrer atemberaubend schönen Lage, einem fußgängerfreundlichen Stadtkern und aufwendig restaurierten goldenen Kuppeln. Teile der Oberstadt wirken wie eine Filmkulisse für ein altes slawisches Märchen.

> **LITERATURTIPP**
>
> **Juri Andruchowytsch**
> „Kiew – das ist für mich ein Archipel, eine Handvoll Menschen, die dort wohnen, in Redaktionen, Studios, Wohnungen und Cafés versprengt, Leute, die sich, von anderen unbemerkt, schon seit Jahren oder Jahrzehnten der Kiewer Mechanisierung entgegenstellen und dabei lebendige Wesen bleiben. Zwischen ihnen liegen enorme, nur per Metro zu bewältigende Distanzen. Von einem Unterschlupf zum nächsten führen meine Routen durch eine Stadt, die in Wirklichkeit aus lauter Mini-Festungen besteht."
> (Juri Andruchowytsch, „Das letzte Territorium", Suhrkamp, 2003)

Noch nicht herumgesprochen hat sich anscheinend die Tatsache, dass die unbekannte Schöne ihren postsowjetischen Schleier gänzlich abgelegt hat. Der Besucher flaniert durch weitläufige Parks, verweilt in modernen Straßencafés oder an feinsandigen Stadtstränden und schlendert durch Wohnhausmuseen berühmter Dichter und Denker.

Das **Blatt der Kastanie** ist nicht zufällig das Wahrzeichen der Stadt. Riesige Kastanien prägen das Stadtbild, jene auf dem Chreschtschatyk wurden erst nach Kriegsende gepflanzt. Vor allem im Frühling sieht man zahllose „Wattebäuschchen" auf Bäumen und Gehwegen. Einige Straßenzüge erinnern an Wien oder Paris. Schon aufgrund der Hanglage am Fluss hat Kiew Ähnlichkeit mit Budapest. Sowjetsterne und Lenin-Denkmäler sind aus dem Stadtbild verschwunden, Kiew wird europäischer. Anders als in Prag gibt es keine Gassen. Der Horizont ist weit, die Plätze sind pompös, die Sichtachsen wunderschön.

Wie Phönix aus der Asche

Im 10. Jh. entwickelte sich Kiew zu einer der größten und reichsten Städte Europas. Doch kaum eine andere europäische Hauptstadt wurde seitdem so viele Male **erobert und verwüstet.** Kiew stieg im Laufe der Jahrhunderte immer wieder wie Phönix aus der Asche. „Kiew ist eine Palimpsest-Stadt. Sie wurde mehrfach ausradiert wie die auf Pergament verfassten

◁ *Vorseite: Kiew mausert sich zum Streetart-Mekka (s. S. 100). Die Künstler kommen aus aller Welt.*

Kiew – ein Porträt

Das linke Dnepr-Ufer – Liwobereschje

Das Wort „Lewobereschje" setzt sich zusammen aus „lewo" für links und „bereg" für Ufer. Damit ist die dem Stadtzentrum gegenüberliegende, gänzlich **flache Uferseite** gemeint. Die dem Besucher sofort ins Auge fallenden vorgelagerten Inseln Truchanow und Hidropark gehören streng genommen nicht dazu. Das riesige Areal dahinter, dessen Kiefernwälder, Einkaufszentren und Wohnsilos man als Tourist wohl nur auf der Fahrt vom Flughafen in die Stadt und zurück wahrnimmt, spielt für Kiew eine überaus wichtige Rolle. Zwei Drittel aller Kiewer leben hier – und nicht etwa in den älteren Stadtteilen Kiews.

In **historischen Quellen** taucht der Darniza genannte Stadtteil 1509 erstmalig auf. Zu jener Zeit war das Gebiet nahezu unbewohnt. Und obwohl schon 1903 eine Eisenbahnverbindung gebaut war, wurde Darniza zusammen mit den kleinen umliegenden Dörfern erst 1935 eingemeindet.

Im **Zweiten Weltkrieg** errichtete man in den Wäldern Arbeitslager. Auch fanden hier viele Russen in einem Hinterhalt der deutschen Truppen den Tod.

In den folgenden Jahrzehnten wurde viel gebaut. 1960 entstand sogar eine **künstliche Insel**, der erste ganz auf künstlichem Boden gebaute Wohnbezirk der Welt, **Rusaniwka** genannt. Er ist über fünf Brücken zu erreichen. Nachdem Dämme befestigt und Erdwälle aufgeschüttet worden waren, wurden ganze Siedlungen mit 9-15 Etagen hohen Wohnhäusern und Infrastruktur wie Kindergärten und Schulen gebaut. Aus diesem Grunde wurde das Gebiet südlich der Metrostation Tschernihiwska auch **Sozgorodok** getauft (Wohnen wie im Sozialismus).

Nach dem Bau der Metrobrücke und der Paton-Brücke wurde schließlich auch das **Verwaltungszentrum** in die „Schlafstadt" auf dem linken Dnepr-Ufer verlegt. Das Gelände des **IEC** (International Exhibition Center, [X10]) für Events wie den **Eurovision Song Contest** befindet sich auch hier.

Texte im Mittelalter und dann immer wieder neu beschrieben." Das sagt die Schriftstellerin Oksana Sabuschko über ihre Heimatstadt. Die „Mutter aller russischen Städte" wurde nicht zuletzt durch Weltkriege und kommunistische Herrschaft immer wieder von **Zerstörung und Neuaufbau** geprägt. Nikita Chruschtschow, dem in der Ukraine aufgewachsenen Parteichef der Kommunistischen Partei der Sowjetunion, verdanken die Kiewer zwei Leninorden und den Status „Heldenstadt".

Daten, Zahlen, Fakten

Kiew ist die **Hauptstadt** des souveränen Staates Ukraine. Die Stadt ist gleichzeitig Regierungssitz, wirtschaftliches, kulturelles und wissenschaftliches Zentrum der Ukraine. Kiew erstreckt sich über 827 Quadratkilometer, hat heute etwa 3 Mio. Einwohner und wurde – wie Rom – auf sieben Hügeln errichtet. „Petersburg ist eine junge Stadt, Moskau ist eine alte Stadt, aber Kiew ist eine ewige Stadt, ein Rom des Nordens."

Kiew – ein Porträt

Das schrieb Honoré de Balzac Anfang des 19. Jh.

Die **Partnerstadt** von Leipzig und München gehört mit Wien und Oslo zu den drei grünsten Städten Europas.

Demografie

In den Jahren nach 1991 stieg die **Lebenserwartung**. In der Zeit zwischen 2002 und 2013 zogen 250.000 Ukrainer aus den Provinzen in die Hauptstadt. Aber obwohl Kiew seit 2014 mit einer großen Anzahl von Binnenflüchtlingen in Folge der kriegerischen Auseinandersetzungen im Donbas-Gebiet und der völkerrechts-

widrigen Annexion der Krim durch Russland zu kämpfen hat, sinkt die Geburtenrate. Man sieht wenige Kinder, im Durchschnitt bekommt ein meist noch sehr junges Elternpaar maximal ein Kind. Dem gegenüber steht eine landesweite hohe **Sterblichkeit**, die mehrere Ursachen hat: die Folgen der Katastrophe von Tschernobyl, die Ausbreitung von AIDS, die hohe Anzahl von Verkehrsunfällen, Alkoholmissbrauch und der Einsatz junger Kiewer an der Front im Donbas-Gebiet. Die Lebenserwartung von Frauen liegt um bis zu 10 Jahre über der der Männer.

Auch **Arbeitsemigration** führt zu sinkenden Bevölkerungszahlen. Viele Ukrainer versprechen sich höhere Einkünfte in Polen oder Deutschland und kehren ihrem Land legal und/oder mit Touristenvisa für bis zu zehn Jahre den Rücken. Das alles führt auf

△ *Sechs Meter hoch ist die Frauengestalt des Unabhängigkeitsdenkmals auf dem Majdan* ㉖

lange Sicht zur **Überalterung der Bevölkerung**, auch wenn in Kiew die Altersgruppe der 25- bis 40-Jährigen im Stadtbild aktuell noch dominiert.

Die Tatsache, dass es seit dem Euromajdan viele **russische Staatsbürger**, vor allem diejenigen, die in ihrer Heimat unter fehlender Meinungsfreiheit leiden, nach Kiew zieht, könnte sich in demografischer Hinsicht auswirken. Es sind vor allem Intellektuelle, denen eine Integration sowohl kulturell als auch sprachlich in vertrauter Umgebung des ehemaligen „Bruderlandes" deutlich einfacher erscheint als in anderen europäischen Städten wie etwa Paris, London oder Berlin.

Von den Anfängen bis zur Gegenwart

Die Ukrainer können bei ihrer Ahnenforschung nicht auf einen alten Volksstamm zurückgreifen, wie etwa die Deutschen auf die Germanen. Sie sind ein multiethnisches Volk, das aus verschiedenen Volksstämmen entstand: aus Wikingern, Slawen, Türken und Mongolen. Die vier slawischen Stadtgründer wählten den großen Tauschhandelsplatz an der geografischen Grenze zwischen Wald- und Waldsteppenzone am Ufer des Dnepr. Der war in jener Zeit der bevorzugte Handelsweg von den Wikingern zu den Griechen. So häufig wie keine andere Stadt in Europa wurde Kiew zerstört und wieder aufgebaut. Die wechselnden Besatzer – Mongolen, Litauer, Polen, Russen, Deutsche – wurden immer auch vom Reichtum der Stadt angelockt ... und hinterließen ihre Spuren. Kiew ist laut der ersten schriftlichen Chronik 1500 Jahre alt und heute die Hauptstadt eines modernen, souveränen und unabhängigen Staates.

482: In diesem Jahr wird das Datum der Gründung Kiews durch den Poljanenfürsten Kyj und seine Geschwister Schtschek, Choryw und Lybid vermutet. Die Poljanen sind ein ostslawischer Volksstamm, der im Frühmittelalter auf beiden Seiten des Dnepr siedelt. Deren Nachfahren regieren bis ins 9. Jh.

860: Der erste der beiden legendären Waräger-/Wikingerfürsten, Fürst Askold,

KURZ & KNAPP

Die Kiewer Rus

Der Begriff wurde erst in der Neuzeit für das mittelalterliche, prosperierende Großreich mit der Hauptstadt Kiew geprägt, das sich im 11. Jahrhundert über das heutige Gebiet der Staaten Russland, Weißrussland und der Ukraine erstreckte. Die Zeitgenossen sprachen lediglich von „Rus" oder „russischem Land". Der Name geht zurück auf das Volk der „Rus" oder „Ruotsi" (Bezeichnung der im Norden siedelnden Finnen für „Rothaarige"), das der bekanntesten Theorie nach normannischer Abstammung war und auch als das Volk der „Waräger" bezeichnet wurde.

Das goldene Zeitalter der Kiewer Rus dauerte vom 10. bis 13. Jahrhundert und spielt auch heute noch eine große Rolle für das Selbstverständnis. Die offizielle Geschichtsschreibung leitet von dieser Ära eine tausendjährige ukrainische Nationaltradition ab. So wurde ausgerechnet das Feldzeichen der Waräger, der „tryzub" (Dreizack), 1992 zum Staatswappen auserkoren.

gründet das Fürstentum Kiew, während der andere Stamm, die warägischen Rurikiden, Nowgorod einnehmen. Obwohl Askold Heide ist, lässt er sich und sein Heer in Byzanz taufen und bekennt sich damit zur Orthodoxie.

882: Der zweite der beiden, der heidnische Warägerfürst Oleg, ein Nachfahre des normannischen Fürsten Rurik, ermordet Askold und nimmt nach Nowgorod auch Kiew ein. Kiew wird wirtschaftliches, politisches und geistiges Zentrum eines riesigen Gebietes, das bis Nowgorod reicht. Von Oleg stammt das auch heute noch oft zitierte geflügelte Wort: „Kiew wird die Mutter aller russischen Städte". In nur einem Jahrhundert gehen die Wikinger in den Slawen auf.

Ab 945: Fürst Igor, der Nachfolger von Fürst Oleg wird vom Stamm der Drewljanen, einem ostslawischen Nachbarstamm der Poljanen, ermordet. Igors Ehefrau Olga nimmt blutige Rache an ihnen und tritt die Regentschaft an. Sie geht in die Geschichte ein, weil sie sich kurz vor ihrem Tod taufen lässt. Das Christentum gewinnt fortan an Bedeutung. Olgas Sohn Swjatoslaw wird von einem alten türkischen Stamm, den Petschenegen, getötet. Dessen Sohn Wladimir vollendet den Prozess der Christianisierung.

980–1015: Wladimir regiert die Stadt in ihrer Blütezeit, führt die Schulbildung ein und reformiert die Armee. Vor allem aber baut Olegs Enkel die Macht der Dynastie der Rurikiden aus und bekehrt nach dem Besuch eines Gottesdienstes in Konstantinopel die Kiewer Rus zum russisch-orthodoxen Glauben. Zu dem Zweck werden die Kiewer im Dnepr getauft. Im Jahr 1000 wird in einer Synagoge in Ägypten das älteste bekannte Dokument, in dem Kiew erstmalig erwähnt wird, gefunden. Der in hebräischer Sprache verfasste „Kiewer Brief" dokumentiert auch, dass zu jener Zeit schon eine jüdische Gemeinde in Kiew existiert.

1019–1054: Wladimirs Sohn Jaroslaw gibt viele berühmte Bauwerke wie etwa die Sophienkathedrale ❼ und das Goldene Tor ❻ in Auftrag, legt den Grundstein für die erste ostslawische Bibliothek und fördert die Künste und das Handwerk. In seine Regentschaft fällt auch die Gründung des Höhlenklosters (1051). Mitte des 11. Jh. gilt Kiew mit über 400 Kirchen und ca. 50.000–100.000 Einwohnern als eine der schönsten und bedeutendsten Städte Europas. Unter den Nachfahren von Jaroslaw zersplittert die Kiewer Rus in kleine und große Fürstentümer, die miteinander konkurrieren.

1113–1362: Die Rurikiden bleiben in Kiew an der Macht. Nacheinander regieren die Fürsten Wladimir Monomach, Mtislaw der Große und Jurij Dolgoruki (der spätere Gründer Moskaus). Die Bedeutung von Kiew als Handelsplatz verlagert sich in andere europäische Städte.

Ab 1240: Nach der Eroberung durch die mongolischen Horden von Khan Batyj liegt Kiew in Schutt und Asche. In den

◁ *Modell der Sophienkathedrale* ❼ *zur Zeit ihrer Errichtung im 11. Jh.*

Folgejahren verliert Kiew Macht und Einfluss und wird im 14. Jh. zu einer Provinz des Fürstentums Litauen degradiert.

15. Jh.: Kiew erhält 1497 durch die litauische Macht das Magdeburger Stadtrecht, den alten europäischen Kodex der städtischen Selbstverwaltung. In der Gerichtsbarkeit und in finanziellen Angelegenheiten wird der Stadt eine gewisse Unabhängigkeit eingeräumt, die mehrere Jahrhunderte lang sowohl von den Königen als auch von den Hetmanen, den Anführern der ukrainischen Kosaken, und den Zaren akzeptiert wird.

1569: Kiew wird von Polen einverleibt. Als Gegengewicht zu den ursprünglich die Halbinsel bevölkernden Krimtataren formieren sich die Hetmane. Der Einfluss der als Freiheitskämpfer gerühmten Hetmane wird immer größer. Die bekanntesten sind Petro Sahaidatschnyj, Bohdan Chmelnyzkyj und Iwan Masepa. Zu dieser Zeit hat Kiew 10.000 bis 20.000 Einwohner und blüht unter den Wohltaten der Herrscher wieder auf. Sie stellen die Orthodoxie wieder her, unterstützen die Wissenschaften und lassen Gotteshäuser erbauen. Das Kosakentum breitet sich aus.

1632: Die Mohyla-Akademie wird gegründet, die erste Universität im gesamten ostslawischen Raum.

1648: Hetman Bohdan Chmelnyzkyj bittet beim russischen Zaren um Unterstützung im Befreiungskampf gegen die polnischen Herrscher. Die Hetmane schwören dem Zar Treue. Auch die Bewohner Kiews werden aufgefordert, einen Treueschwur auf Moskau abzulegen. Polen erkennt erst 1654 die Herrschaft Moskaus und damit die Vorherrschaft des orthodoxen Glaubens an. Die erhoffte Autonomie erhält Kiew dadurch nicht. Vielmehr vergrößert der russische Zar seine Einflusssphäre in „Klein-Russland" und Kiew rückt an die westliche Grenze des Riesenreiches Russland.

1762: In Russland besteigt Katharina II. den Thron und schafft das Hetmanentum ab. Kiew wird ein bedeutendes Verwaltungszentrum des Zarenreichs. Ende des 18. Jh. fällt auch der westliche Landesteil an das Zarenreich. Dadurch legt Kiew seine Rolle als Grenzposten ab und erlebt eine neue Blütezeit.

1811: Bei einem Großbrand wird die Unterstadt Podil fast völlig zerstört. Das Zentrum verlagert sich nun Richtung Oberstadt.

1834: Das Magdeburger Stadtrecht wird aufgehoben, als unter dessen Deckmantel die missbräuchliche Verteilung von Privilegien der städtischen Oberschicht ans Tageslicht kommt.

19. Jh.: Der russische Zar Alexander II. hebt 1861 die Leibeigenschaft auf. Der freiheitsliebende ukrainische Geist sucht sich seinen Weg. Geheime Bruderschaften (Kyrill-und-Method-Bruderschaft) und Intellektuellenklubs werden gegründet. Ende des 19. Jh. kommt es zu einem raschen Zuzug von Menschen und zu einem industriellen Boom. 1870 verkehrt die erste Eisenbahn, 1892 die erste Straßenbahn, 1897 fährt das erste Auto. Großzügigen Mäzenen aus den neuen Industriellendynastien verdankt die Stadt viele medizinische und technische Einrichtungen. Kiew wird zur „Zuckerhauptstadt" des Zarenreiches. Nach Aufhebung des Verbotes, in ukrainischer Sprache zu schreiben, erlebt die Sprache eine neue Blüte.

1911: Der russische Premierminister Pjotr Stolypin wird in Kiew ermordet.

1914: Die Bevölkerung Kiews zählt ca. 600.000 Einwohner.

1917: Im März erreicht Kiew die Meldung über die Aufhebung der Monarchie in Russland. Im November kommt es zu einem bewaffneten Aufstand gegen die Russische Provisorische Regierung, der Ukrainische Zentralrat ruft die Ukrainische Volksrepublik aus.

Kosaken und Hetmane

Das Wort **Kosake** stammt von dem türkischen Wort „kazak". Das heißt übersetzt: freier Mann, aber auch Räuber. Die ursprünglich turktatarischen Plünderungskommandos vermischten sich später mit ostslawischen Bauern zu freien Bauernkriegern als Grenzbevölkerung an der wandernden Grenze Russlands zu den Tataren und Osmanen. Man unterscheidet zwischen den weniger bekannten „Registerkosaken", einer Grenztruppe im Sold der polnischen Krone und den „Saporoger Kosaken", die im 16. Jh. als Söldner Schrittmacher der russischen Expansion bis zum Pazifik wurden. Die südlich der hinderlichen Dnepr-Stromschnellen beheimateten Saporoger Kosaken wechselten häufig die Fronten und tolerierten in ihren Reihen nur Anhänger der Orthodoxie. Sie formierten sich vor allem als Reiterverbände und wurden in Europa durch die Napoleonischen Kriege bekannt, als sie in der russischen Armee dienten. Im Russischen Bürgerkrieg 1918/1919 kämpften sie auf Seiten der Gegenrevolutionäre („Weiße") gegen die Bolschewiki („Rote"). Ihre frei gewählten Anführer gingen als **Hetmane** in die Geschichte ein. Die Bezeichnung stammt von dem Wort „ataman", das im Ostmitteldeutschen „Hauptmann" hieß. Titel und Funktion des Hetmans wurde 1764 von Katharina II. abgeschafft und 1918, nach dem Sturz der Sozialisten in der Ukrainischen Republik, von den Deutschen wieder eingeführt.

Die Figur des wohl bekanntesten **Hetmans Bohdan Chmelnyzkyj** ist heute für viele das Symbol für den als erniedrigend empfundenen Anschluss an Russland geworden, obwohl er das ukrainische Volk vom polnischen Joch befreite und damit den ersten ukrainischen Nationalstaat gründete. Im 17. Jh. feierte der vermögende Hetman Iwan Masepa mit dem sogenannten **Kosakenbarock** den Sieg der Orthodoxie über die heidnische „Finsternis". Die Opulenz der Kirchen und eine turmartige Höhenstaffelung der Bauten zeugen noch heute davon.

In der UdSSR waren die Kosaken Bestandteil des ukrainischen Folklore. Als Symbol der unpolitischen Freiheitsliebe wurde der fiktive „Kosak Mamaj" sogar von der Sowjetregierung geduldet. Der als Standbild um Majdan ❷❻ und auf unzähligen Gemälden verewigte Saporoger Kosake geht auf die ukrainische Porträtmalerei vom Ende des 17. bis zum 19. Jh. zurück. Als Vorbild diente eine in Gedanken versunkene, traurig-komische

Figur aus dem Theater. Der im Schneidersitz die Bandura spielende junge Mann existiert bis heute als wiederkehrendes Motiv in der ukrainischen Nationalkunst.

Seit dem Ende des Kommunismus 1991 sind die Kosaken wieder ein eigenständiger Faktor mit eher national geprägter, orthodox-chauvinistischer Prägung. **Kosakenvereinigungen** *mischen in der Politik mit. Da wird dann auch schon mal symbolisch der Herrschaftsstab der Kosaken, der „Bulawa", geschwungen.*

Vom Mut und Kampfgeist der ukrainischen Kosaken konnte man sich auch bei der von den Ukrainern **„Revolution der Würde"** *genannten Protestbewegung Ende 2013/Anfang 2014 auf dem Majdan* ㉖ *überzeugen, als die* **Saporoscher Kosaken** *das Volk mit dem Bau von Katapulten und mit ihren XXL-Trommeln („Tulunbass") zum Durchhalten animierten. „Mit den Trommeln soll nicht der Sieg herbeigetrommelt werden, sondern der Frieden. Wir müssen die Möglichkeiten der Kultur mitnutzen, um den Konflikt im Osten zu lösen", sagte Denis Wassilijew, einer ihrer Anführer, in einem Interview mit dem Deutschlandradio. Die durch die Steppe reitenden Kahlgeschorenen mit dem Zopf spielen für die Identität der Ukrainer eine große Rolle. Nicht umsonst gibt es eine Wodkasorte namens „Kosak", Kosaken-Matrjoschkas und ein gleichnamiges Computerspiel, das Anfang der Nullerjahre seinen ukrainischen Erfinder reich und berühmt machte.*

◁ *Unter dem Bogen der Völkerfreundschaft* ㉜ *tagt diese Kosakengemeinschaft*

1918: Im Januar erklärt der Ukrainische Zentralrat auf dem ersten ukrainischen Sowjetkongress in Charkiw die Ukraine zu einem unabhängigen Staat. Die weit östlich im Land gelegene Stadt Charkiw wird zur Hauptstadt ausgerufen. Im Februar kommt es zur Machtergreifung durch die Bolschewiken. Im März beginnt die deutsche Okkupation, die mit der Machtergreifung durch den Hetmanen Simon Petljura endet. Die Bolschewiken nutzen die undurchschaubare Lage für ihre Zwecke und marschieren 1919 in Kiew ein.

1920: Im Mai kommt es zur zeitweiligen polnischen Besatzung, die mit dem Sieg der Roten Armee noch im selben Jahr und einer schweren Zerstörung Kiews endet.

1922: Die Ukrainische Republik wird der UdSSR einverleibt.

1932/33: Stalins Zwangskollektivierung der Landwirtschaft, aber auch Missernten und Exportverpflichtungen bescheren der Ukraine die größte Hungersnot aller Zeiten, bei der 7 bis 10 Mio. Menschen verhungern.

1934: Kiew wird wieder Hauptstadt, zahlt aber einen hohen Preis für Stalins Atheismus-Doktrin: Fast 100 Kirchen und Klöster werden abgerissen.

1941–1943: Hitlers Russlandfeldzug beginnt mit dem Überfall der Wehrmacht auf die Sowjetunion, die bald Kiew erreicht. Zum Zeitpunkt des Besetzungsbeginns hat die Stadt fast eine Million Einwohner, die für das Ziel „Lebensraum im Osten" Platz machen müssen. Die vermeintliche „Kornkammer Europas" soll den deutschen Truppen die Versorgung garantieren, die Bewohner werden zu Zwangsarbeitern. In Babyn Jar ㊴ bei Kiew kommt es zum größten Massaker in der Ukraine, dem in erster Linie Juden und Widerständler zum Opfer fallen. Offizielle Zahlen sprechen von 34.000 Toten allein jüdischen Glaubens.

1943: Nach dreijähriger Besatzung wird das zerstörte Kiew durch die Truppen der ersten Ukrainischen Front befreit.

1943–1985: Erst 1957 erreicht Kiew wieder die Einwohnerzahl von einer Million. 1976 wird die Marke von zwei Millionen überschritten. Pünktlich zum 1500. Stadtjubiläum im Jahr 1982 erstrahlt Kiew wieder in neuem, altem Glanz. Von Gorbatschows Perestroika *(perebudowa)* kommt in Kiew wenig an, alte Kader behalten ihre Ämter, die Bevölkerung verharrt in Apathie.

1986: Ein Wendepunkt in der Geschichte der Beziehungen zwischen Russland und der Ukraine ist die Explosion eines Atomreaktors in dem ukrainischen Ort Pripjat (bei Tschernobyl) ㊻. Russische Behörden verschweigen den Sachverhalt. Unzählige ahnungslose Ukrainer sterben an den Folgen.

1991: Nach dem gescheiterten Putschversuch in Moskau erklärt Kiew die Unabhängigkeit der Ukraine und führt erste Präsidentenwahlen durch.

1996: Die ukrainische Verfassung wird angenommen.

1999: Zum ersten Mal wird in Kiew ein Stadtoberhaupt gewählt.

2002: Als erste nichtkommunistische Partei gewinnt die Bewegung „Unsere Ukraine" von Wiktor Juschtschenko die Parlamentswahlen, kann aber nicht die Regierung stellen.

2004: Die Präsidentschaftswahl gewinnt Juschtschenkos Widersacher Wiktor Janukowitsch. Im Anschluss an die Wahl kommt ein Wahlbetrug ans Tageslicht, gegen den ein ganzes Land aufgebehrt. Die friedliche Orange Revolution auf dem Majdan ㉖ erzwingt die Annullierung der Wahl. Der gemäßigte Kandidat Wiktor Juschtschenko gewinnt, Ministerpräsidentin wird Julia Timoschenko. Die Zusammenarbeit der beiden funktioniert jedoch nicht.

Der Euromajdan – die „Revolution der Würde"

„Wer heute wissen will, wie es um Europa steht, muss auf Kiew schauen. Dort entscheidet sich die Zukunft des Kontinents." (K. Schlögel, Historiker)

Als der amtierende Präsident der Ukraine, Wiktor Janukowitsch, am 21. November 2013 erklärte, er wolle das über Jahre ausgehandelte Assoziierungsabkommen mit der EU nicht unterzeichnen, folgten hunderte junger Ukrainer dem Facebook-Aufruf eines Journalisten und versammelten sich auf dem Majdan ㉖. Dass sich daraus eine 94 Tage dauernde Revolution entwickeln sollte, war zu dem Zeitpunkt nicht abzusehen. Die „Oppositionellen" rekrutierten sich aus allen Parteien und Schichten der Bevölkerung, die längst nicht mehr nur für die Ratifizierung des Abkommens, sondern auch für Meinungsfreiheit und ein Leben in Würde demonstrierten. Nach einem exzessiven Polizeieinsatz am 30.11. gab es 80 verletzte Zivilisten. Daraufhin nahm die Bewegung einen Massencharakter an. Tausende Menschen hielten bei klirrender Kälte Nachtwachen, fachten Holzfeuer in Fässern an, bestückten Garküchen, beteten in Kirchen, errichteten Lazarettzelte. Das Maß an Kampfgeist und Selbstorganisation erstaunte vor allem die Europäer. Auch die Bilder brennender Autoreifen und der mit Bau- und Motorradhelmen vermummten Demonstranten gingen um die ganze Welt, nicht zuletzt dank Livestream.

Nach mehr als zwei Monaten waren keine Zugeständnisse seitens der Regierung erkennbar. Einige De-

monstranten radikalisierten sich, griffen zu Pflastersteinen und Molotow-Cocktails. Aufgrund von Bränden und Sachbeschädigung erhielt die Spezialeinheit „Berkut" die Anweisung, den Majdan zu räumen. Jetzt protestierten die Menschen auf dem Majdan auch gegen den Gewalteinsatz gegen friedliche Demonstranten. In die Menge mischten sich auf Regierungsseite auch die „Tituschki", bewaffnete Kleinkriminelle und Desperados, die für ein paar Hriwna aus den Provinzen nach Kiew geholt wurden, um Unruhe zu stiften. Mitte Januar 2014 verkündete einer der drei Oppositionsführer, Vitali Klitschko: „Wir als Opposition, die für einen friedlichen Protest steht, haben die Bewegung nicht mehr unter Kontrolle."

Am 22. 1., nach einer weiteren missglückten Räumung des Majdan, fiel der erste Schuss eines Heckenschützen, der einen Demonstranten tötete. In der Folge wurde der Platz zu einem erbittert umkämpften „Schlachtfeld" mit Barrikaden, Holzkatapulten und Kriegstrommeln. Allein am 20. 2. starben 80 Menschen. Die Oppositionsführer schlugen Janukowitsch schließlich in die Flucht, nachdem er offiziell abgesetzt worden und die Polizei übergelaufen war. Die europäischen Staaten waren mit der Situation überfordert. Bernard-Henri Lévi, einer der bekanntesten Intellektuellen Frankreichs, traute sich nach Kiew und sprach auf dem Majdan: „Das wahre Europa ist hier. Ihr seid das Herz Europas, Kiew ist heute seine Hauptstadt. Und die Zivilgesellschaft Europas ist eure Schwester."

Die Revolutionsstadt auf dem Majdan blieb in Habachtstellung. Nach zähem Hin und Her schaffte es die Übergangsregierung am 21. 3., den politischen Teil des Assoziierungsabkommens mit der EU zu unterzeichnen. Auf dem rußgeschwärzten Platz wurde mit Blumenmeeren der fast 100 Toten gedacht. Bei den Neuwahlen am 25. 5. gewann Petro Poroschenko, der im Juni den wirtschaftlichen Teil des Abkommens unterzeichnete. Der Vertrag hat jedoch noch immer nur provisorischen Charakter, da sich die Niederlande als einziges EU-Land in einem Referendum gegen die Ratifizierung aussprachen. Für die verstorbenen „Himmlischen Hundert" wurde ein Denkmal errichtet. Der neu gewählte Bürgermeister Vitali Klitschko ließ die Zelte gewaltlos abbauen, die Pflastersteine erneuern und die Kriegsspuren entfernen. Der Krieg sollte aber an anderer Stelle weitergehen ...

Petro Poroschenko konnte nicht verhindern, dass Wladimir Putin, der in den dramatischen Wochen nicht müde wurde, die Demonstranten in Kiew als „Faschisten" zu bezeichnen, auf der Krim einmarschierte und sich die ukrainische Halbinsel quasi als „russisches Territorium" völkerrechtswidrig einverleibte. Im Anschluss daran besetzten als „Freiwillige" getarnte russische Truppen ein großes Areal im Donbas zwischen Donezk und Luhansk. Auf der Minsker Konferenz Ende 2014 wurde ein Waffenstillstand vereinbart, der de facto nicht eingehalten wurde. Der inzwischen über drei Jahre dauernde Krieg stellt die europäische Nachkriegsordnung in Frage und lässt das Land nicht zur Ruhe kommen. „Russlands Aggression gegen die Ukraine hat Europa verändert. Das friedliche Zusammenleben der Staaten ist keine Selbstverständlichkeit mehr. Der EU fällt es schwer, eine angemessene Reaktion zu finden."

(Karl Schlögel)

2005: Nach einer Regierungskrise kommt es zu Neuwahlen. Viktor Juschtschenko entlässt die Regierung Timoschenko.
2006: Bei den Parlamentswahlen wird der prorussische Kandidat Viktor Janukowitsch Ministerpräsident, nach wenigen Monaten wird das Parlament wieder aufgelöst.
2007: Bei den Parlamentswahlen gewinnen die Reformer, Juschtschenko und Timoschenko bilden abermals eine Koalition, die 2010 endgültig im Zerwürfnis endet.
2010: Neuer Präsident wird der frühere prorussische Ministerpräsident Viktor Janukowitsch.
2013: Im Dezember wird Kiew Schauplatz des „Euromajdan", einer Protestbewegung gegen den Präsidenten, der sich weigert, ein Abkommen mit der EU zu unterzeichnen.
2014: Im Februar wird die Revolution gewaltsam niedergeschlagen, der Präsident jedoch in die Flucht getrieben. Im März annektiert Russland die Krim völkerrechtswidrig. Daran schließen sich bewaffnete Auseinandersetzungen in der Donbas-Region an. Der Unternehmer Petro Poroschenko wird zum Präsidenten der Ukraine gewählt.
2019: Wolodymyr Selenskyj wird neuer Präsident der Ukraine. Der studierte Jurist, Schauspieler und Fernsehproduzent gewinnt mit 73 % der Stimmen in der Stichwahl gegen Poroschenko.
Einweihung der neuen Aussichtsbrücke [09] in den Wladimirhügeln.
2020: Europäische Drachenbootmeisterschaft in Kiew

▷ *Für Kids: Spielplätze an der Landschaftsallee*

Leben in der Stadt

„Ich hatte mir Kiew nicht so schön vorgestellt (...). Die Stadt hat einen weiten Horizont, visuell, aber auch geistig. Man spürt eine große Freiheit und Leichtigkeit". Der Filmregisseur Alexander Sokurow („Russian Arc") liebt Kiew. Aber auch im Westen gilt das Post-Majdan-Kiew als hip, einigen gar als das neue Berlin. Die facettenreiche ukrainische Hauptstadt mit dem griechisch-byzantinischen, römischen und jüdischen Erbe erlebt eine neue Blüte.

Alltag

Mitten im Zentrum, auf dem Platz der Unabhängigkeit tummeln sich Börsenmakler, Skateboardfahrer und Businessfrauen neben Soldaten, Bettlern und Tagträumern. Kiew ist in der Jetzt-Zeit angekommen. **Stolze, lebensfrohe, extrovertierte Menschen**, die eher unslawisch auch mal in der Öffentlichkeit lächeln, bevölkern diese geschichtsträchtige Oase. Äußerlichkeiten und das Flanieren an sich sind so wichtig, dass jeden Sonntag die wichtigste Einkaufsstraße, der Chreschtschatyk, für Autos gesperrt und nur für Fußgänger freigegeben wird. Die jüngeren Kiewer sprechen Englisch und sind sehr hilfsbereit. Im Alltag ist mittlerweile mehr Ukrainisch als Russisch zu hören. **Religiosität** spielt eine große Rolle, die drei großen Kirchen haben regen Zulauf.

Die Hauptstadt des 50-Millionen-Einwohner-Staates und einstigen Hightech-Standortes der ehemaligen Sowjetunion verfügt über ein großes Potenzial an gut ausgebildeten jungen Ukrainern. Es gibt seit den 1990er-Jahren eine **Mittelschicht**, die Arbeit hat und Immobilienkredi-

Leben in der Stadt

te aufnimmt und/oder ihre **Wohnung** einer „Ewroremont", einer Renovierung nach europäischem Vorbild, unterzieht. Mit IKEA kommen die Shoppingmalls. Seit dem Währungsverfall im Anschluss an die Revolution geht das Shoppingfieber zurück. Dafür werden mehr Waren „made in Ukraine" propagiert.

Geheiratet wird früh, meist zwischen 21 und 25 Jahren. Das erste und meist einzige **Kind** kommt im Durchschnitt 1,5 Jahre nach der Hochzeit zur Welt. Da sich die Eltern zu diesem Zeitpunkt aber noch am unteren Ende der Karriereleiter befinden, springt die *Babuschka* ein. Traditionell arbeiten die jungen Mütter weiter und die Oma übernimmt das Ruder.

In ihrer **Freizeit** sind die Kiewer gern an der frischen Luft. Auch hat das hohe Bildungsniveau der Bevölkerung ein reges Interesse an kulturellen Events, Ausstellungen und Museen hervorgebracht. Schon Grundschüler werden durch jedes noch so verstiegene Museum geführt …

Ethnien

Auch wenn Kiew eine multiethnische Metropole zwischen Europa und Asien ist, wundert man sich über das **homogene Bevölkerungsbild**. Das warägisch-slawische Erbe dominiert. Blaue Augen, helle Haut und blonde Haare haben sich über Jahrhunder-

Die ukrainische Metropole im Streetart-Fieber

Die neuen farbenfrohen Streetart-Kunstwerke machen Kiew zu einem Mekka dieser Kunstform, die nach dem Euromajdan das Grau und den Schrecken jener 94 Tage vergessen zu machen scheint und der Stadt Fröhlichkeit, Hoffnung und Energie zurück bringt. Thematisch reicht das Motivspektrum von ukrainischen Landschaften und Nationalhelden über Kinder, Jugendliche und Kobolde bis hin zu patriotischen Sport- und Weltraumszenen. Die große Klammer ist das Thema „Frieden in der Welt". Der ukrainische Filmemacher Geo Leros hatte die Idee zu dem Großprojekt. Anfang 2019 waren schon 150 Streetart-Gemälde in Kiew registriert. Die Künstler kommen aus aller Welt, aus Spanien, Argentinien, Deutschland, Brasilien, den USA, Italien und Portugal. Aus Australien hat sich der bekannte Streetart-Künstler Guido van Helten auf den weiten Weg in die ukrainische Hauptstadt gemacht und zwei fantastische ukrainische Motive realisiert, eines davon ist eines der höchsten in Europa. Es handelt sich um ein Mädchen in der traditionellen Vyshyvanka-Tracht. Das zweite ist eine Blaupause von Lesja Ukrajinka in der Striletzka Wul. 28 (s. S. 54). Das von Bürgermeister Vitali Klitschko mitinitiierte Programm namens WeCityArt lockt die Künstler mit freier Kost und Logis nach Kiew.

Gleich hinter dem Majdan ㉖, in der Prow. Tarasa Schewtschenka 1, hat sich der Künstler Mata Ruda aus Costa Rica mit einem Kunstwerk verewigt, auf dem eine slawische Göttin von ukrainischen Sonnenblumen bezirzt wird. In der Nähe (Wul. Michailowska 22b) ist auch das Porträt von dem ersten während der Revolution erschossenen jungen Mann zu finden, das der Portugiese Alessandro Fartu angefertigt hat. Der Entwurf „Liebe regiert die Welt" des Italieners Millo wurde 2016 als eines der 10 besten Streetart-Werke der Welt gekürt. Am Andreasstieg (auf der Höhe von Hausnummer 6) schwebt eine Frauengestalt über Kiew. In der Metrostation Osokorky durften sich gleich acht Künstler austoben – ein Selfie-Spot der Extraklasse.

Streetart gilt als sehr demokratische, da jedermann zugängliche Kunstform. Die teilweise zwanzig Stockwerke hohen grauen Wohnblocks aus den 1960er-Jahren in den Randbezirken erleben auf diese Weise eine Renaissance, die Anwohner sind oft verzückt. Allerdings werden sie nicht gefragt und manchmal verschleppt das Kunstwerk die Sanierung eines Gebäudes. Seit Mai 2016 fährt sogar eine Graffiti-Metro durch Kiew, für die der spanische Künstler Kenor verantwortlich zeichnet. Fast so wichtig wie die Streetart-Originale sind die Fotos von ihnen, die über die sozialen Medien in alle Welt versendet werden und Kiew als neues Streetart-Mekka bekannt machen. Der ukrainische Blogger Serhii Gryschkewitsch hat eigens eine Website mit einer interaktiven Karte erstellt, auf der jedes der eindrücklichen Kunstwerke eingezeichnet ist. Mittlerweile kann man auch Touren buchen.

› *http://kyivmural.com, auch als App*
› *Eine Tour kann über http://kievfriendly.com/streetart-tour gebucht werden (49 € für 1 Person, 58 € für zwei Personen).*

te durchgesetzt. Dass die Ukraine traditionell ein Auswanderungsland ist, mag auch ein Grund dafür sein, dass man beispielsweise so gut wie keine Südamerikaner, Japaner oder Afrikaner antrifft. Dabei spielt auch die (schwierige) russische bzw. ukrainische Sprache eine Rolle. Ein multikultureller Schmelztiegel ist Kiew in dem Sinne nicht. Die vornehmlich aus Europa, der Türkei oder Zentralasien stammenden Nationalitäten leben von jeher in Kiew in friedlicher und freundschaftlicher Koexistenz mit den Ukrainern. Heute sind Russen, Armenier, Weißrussen, Usbeken, Deutsche und Polen gleichberechtigte Hauptstadtbewohner, wobei 83 % der Bevölkerung noch immer Ukrainer sind.

In Glaubensfragen war Kiew ohnehin immer tolerant. Zum historischen Erbe der Stadt gehören auch die Nachkommen **kleinerer Volksstämme** wie etwa der Karaimen von der Krim und eine nach wie vor große jüdische Gemeinschaft (ca. 17.000 Mitglieder).

Der große Bruder Russland

Animositäten gab es zwischen den beiden ehemaligen Bruderländern immer schon reichlich. Das Urgespann der Slawen hat ein großes gemeinsames Erbe und eine nicht zu verkennende Seelenverwandtschaft. Den **Ablösungsprozess** der ukrainischen Brüder, die von den Russen auch als *chochly* („chochol" war der Haarschopf, den die Kosaken auf ihrem ansonsten kahlen Haupt trugen) bezeichnet werden, betrachteten vor allem die Ostukrainer („Moskali") als schmerzhaft.

In den 1990er-Jahren mussten sich beide Seiten in der neuen Gemeinschaft Unabhängiger Staaten (GUS) ihren Platz suchen. „Wenn wir die Ukrainer verlieren, verlieren wir unseren Kopf", soll 1918 schon Lenin erklärt haben. Unter Wladimir Putin besserte sich das Verhältnis, als dieser zu Beginn des neuen Jahrtausends die Anbindung der Ukraine zur Chefsache machte und Investitionen begünstigte. Die Orange Revolution 2004 desillusionierte Russland dahingehend, dass man die Ukraine auf ihrem Weg nach Europa höchstwahrscheinlich nicht würde aufhalten können. Als sich der prorussische Präsident **Wiktor Janukowitsch** Ende 2013 weigerte, das Assoziierungsabkommen mit der EU zu unterzeichnen, kam es zu seiner Absetzung. Die sich anschließenden revolutionären Ereignisse (Euromajdan) und das politische Vakuum veranlassten Russland, die Krim völkerrechtswidrig zu besetzen und die Separatisten im Donbas militärisch zu unterstützen. Die Ukraine befindet sich seither im Kriegszustand, das Verhältnis zu Russland ist zerrüttet …

Der Neuwessi-Nachbar Polen

Seit dem Beitritt Polens zur Europäischen Union im Mai 2004 hat das Verhältnis zwischen den historisch eng verbandelten Nachbarländern sehr gelitten. Viele Ukrainer sind der Meinung, der Eiserne Vorhang hätte sich nur verschoben und würde jetzt zwischen Polen und der Ukraine hängen. Auch die Polen fühlen sich von einem Teil ihrer Wurzeln künstlich abgeschnitten.

In den Diskussionen um eine potenzielle EU-Mitgliedschaft der Ukraine ist Polen trotzdem ein wichtiger Fürsprecher. Riesige Vorkommen an Uran, Kohle, Blei und Edelsteinen ma-

Babylonisches Sprachgewirr: Russisch versus Ukrainisch

Die ukrainische Sprache ist nach dem Russischen und dem Polnischen die drittgrößte slawische Sprache. Sie wird weltweit von ca. 48 Millionen Menschen als Mutter- oder Zweitsprache gesprochen und ist heute die einzige und offizielle Amtssprache der Ukraine.

Erst gegen Ende des 18. Jahrhunderts entwickelte sich aus dem Kirchenslawischen eine eigenständige ukrainische Schriftsprache und Literatur, die im 19. Jahrhundert ihre Blütezeit erlebte. Aus Angst vor separatistischen Bestrebungen verhängte Zar Alexander II. jedoch 1876 ein Verbot der ukrainischen Sprache in den Bereichen Wissenschaft und Kunst. Der bedeutendste ukrainische Dichter Taras Schewtschenko (s. S. 34) ließ sich nicht beirren: Er verfasste seine Gedichte auf Ukrainisch und endete schließlich in der Verbannung.

Mit der Gründung der ukrainischen Republik im Jahr 1918 wurde Ukrainisch zur Staatssprache ernannt und während der Sowjetzeit zwar nicht verboten, aber doch als „Dialekt" diffamiert und unterdrückt. Die russische Sprache wurde auch in den Schulen zur Verkehrssprache und dominierte alle Bereiche des öffentlichen Lebens. Ende der 1980er-Jahre zählte Kiew neben Minsk und Almaty zu den „russifiziertesten" Hauptstädten der ehemaligen Sowjetrepubliken.

Nach der Unabhängigkeit 1991 wurde die ukrainische Sprache zur Amtssprache erklärt. Diese weitreichende Entscheidung war und ist nicht unumstritten, da fast die Hälfte der in der heutigen Ukraine lebenden Bewohner Russisch als Muttersprache spricht. Die politische und ethnische Identität der Ukrainer ist nicht mit der sprachlichen Identität deckungsgleich. Unter Intellektuellen gilt das Beherrschen der ukrainischen Sprache als Symbol für Erfolg und Prestige, als „intellektuelles Kapital". In diesen Kreisen spricht man rückblickend von einem langjährigen „Linguizid" („Sprachmord"), dem das Ukrainische ausgesetzt war. Nach 1991 hat es sich nicht nur immens weiterentwickelt. Es spielt im heutigen Bildungssystem die wichtigste Rolle. Eine Karriere in Kiew ist ohne Ukrainisch-Kenntnisse inzwischen undenkbar. Auch wenn 30-50% Prozent der Ukrainer russischsprachig sind, wird die Auswahl an russischen Büchern in den Buchhandlungen immer kleiner. Die Beschilderungen in der Metro, an Bushaltestellen und anderen öffentlichen Plätzen findet man nur noch auf Ukrainisch - oder auf Englisch. Die im ganzen Land und in allen Bevölkerungsschichten nur mündlich verbreitete Mischform aus dem Ukrainischen und dem Russischen, der „Surschyk", wird es auf lange Sicht nicht mehr geben. In der aktuellen Übergangsphase vom Russischen zum Ukrainischen erlebt die Zwittersprache gerade noch einmal ein Comeback.

Seit der Öffnung nach Westen während der Orangen Revolution 2004 gibt es auch europaweit ein breiteres, bewussteres Interesse an „ukrainischer Denkweise" und somit an ukrainischer Literatur. Es ist so erstklassigen Autoren wie Andrej Kurkow, Oksana Sabuschko oder Jurij Andruchowytsch und mutigen ausländischen Verlegern zu verdanken, dass ukrainisches Kulturgut einen gewissen Bekanntheitsgrad erreicht hat.

Seit dem Euromajdan und den feindlichen Landnahmen des früheren „Bruderlands" Russland hat das Russische massiv an Attraktivität eingebüßt. Selbst des Russischen mächtige Besucher der Stadt sollten einige Wörter Ukrainisch sprechen können, als Zeichen der Solidarität.

⊡ Auch wenn der Sprachunkundige den Unterschied zum Russischen kaum erkennt, die Beschilderung ist immer auf Ukrainisch

chen die Ukraine auch für die EU attraktiv. Der Handel mit Polen würde wieder erleichtert.

Die gemeinsame Austragung der EURO 2012 gestaltete sich schwieriger als gedacht. Die Ukraine musste die EM aus eigener Tasche finanzieren, während Polen EU-Gelder zum Bau von Spielstätten zur Verfügung gestellt bekam.

In den letzten Jahren sind viele Ukrainer nach Polen geflohen oder dorthin ausgewandert, Polen fungiert des Öfteren als Fürsprecher für ukrainische Interessen, auch wenn es im Osten Polens immer wieder zu Ausschreitungen gegen die ukrainische Minderheit kommt.

Tourismus

Zu Sowjetzeiten war die Ukraine nicht zuletzt aufgrund des guten Klimas das beliebteste Reiseland der UdSSR. Kiew gehörte zu den touristisch interessanten Städten, lag aber vor den umfangreichen Sanierungsmaßnahmen in den 1990er-Jahren in einer Art Dornröschenschlaf. Die EURO 2012 hat der Stadt einen Popularitätsschub verschafft. Der Euromajdan brachte den Tourismus zeitweilig zum Erliegen, seit Anfang 2016 kommen aber wieder viele Touristen. Kiew könnte das „neue Berlin" werden; Hipster-Hochburg ist es jetzt schon. Der Währungsverfall der ukrainischen Hriwna hat Reisen in die Ukraine und den Aufenthalt vor Ort günstig gemacht. Das Angebot an erschwinglichen Flügen in die ukrainische Hauptstadt ist seit 2018 sprunghaft angestiegen. Ryanair fliegt von fünf deutschen Städten nach Kiew, Wizzair sogar von zehn. Es war nie günstiger, sich Kiew anzusehen.

Totalniy Futbol – eine Stadt im Fußballfieber

Auch wer noch nie in Kiew war, weiß, dass es einen Verein namens Dynamo Kiew gibt. In der Hauptstadt hat Fußball eine lange Tradition. Historischen Quellen zufolge brachten tschechische Industrielle Anfang des 20. Jh. den Fußball an den Dnepr. 1906 organisierten Professoren des Polytechnischen Instituts das erste Fußballteam in Kiew. Es entstanden mehrere kleine Stadien mit überdachten Tribünen. Schon 1912 nahmen an den allrussischen Meisterschaften Teams aus Moskau, Sankt Petersburg, Charkiw und Kiew teil. Sogar in den Zeiten des Bürgerkriegs wurden Turniere ausgetragen. Den Bolschewiken war Zuschauersport suspekt, sie hatten Angst „vor antibolschewistischer Grüppchenbildung". Der Popularität dieser Sportart tat das keinen Abbruch. 1975 gewann Dynamo Kiew den UEFA-Cup, den ersten einer sowjetischen Mannschaft überhaupt. Fußball wurde Ersatzreligion.

Der legendäre Klub Dynamo Kiew

Der bekannteste Sportverein der Stadt ist der FK Dynamo Kiew, den seit 2017 Aljaksandr Chazkewich trainiert, früherer Mittelfeldspieler in Weißrussland und der Ukraine (Dynamo). Der zweitwichtigste Verein ist Arsenal Kiew. Dynamo Kiew war der erfolgreichste Klub mit den meisten Meisterschaften der Sowjetunion und stellte zahlreiche Spieler der Nationalmannschaft der UdSSR.

Während der deutschen Besatzung 1941–1943 gewann eine Dynamo-Auswahl („Start") jedes Spiel gegen die deutsche „Flakelf". Als in den folgenden Monaten immer wieder Spieler verhaftet wurden, entstand der Mythos vom sogenannten „Todesspiel". Jahrzehntelang wurde verbreitet, einige Spieler seien im Anschluss an das letzte Spiel ins KZ gekommen. Auch der Film „Match" des Regisseurs Andrej Maljukow (2012) bedient diese Art der Erinnerungskultur. Nach dem heutigen Stand der Forschung weiß man, dass die Gründe für die Festnahmen nicht in dem verletzten Stolz der Besatzer zu suchen sind, zumindest nicht nur …

› www.fcdynamo.kiev.ua/en

Olympiastadion

Das von dem deutschen Architekturbüro gmp umgebaute Olympiastadion (Національний спортивний комплекс „Олімпійський") ist eines der größten seiner Art weltweit und jetzt neue Dynamo-Heimstätte. Es hat 75.000 Plätze und lohnt eine Besichtigungstour. Diese finden tägl. um 11, 13, 15 und 17 Uhr statt (außer an Spieltagen).

★ 126 [N14] **Olympiastadion,**
Wul. Welyka Wasylkiwska
› **NSC Olimpiyskiy Tours,** Wul. Welyka Wasylkiwska 55, Metro: Olimpyjska, Tel. 5906774 (Tour), http://nsc-olimpiyskiy.com.ua. Tickets für Spiele gibt es sowohl am Dynamo-Stadion als auch am Ticket Office an der Metro und über die Website.

Dynamo-Stadion 34

Das nach Walerij Lobanowskyj, einem der erfolgreichsten Trainer aller Zeiten, benannte frühere Dynamo-Stadion verfügt auch über ein sehenswertes Museum mit Trophäen aus mehr als 85 Jahren Fußballgeschichte mit einer mehr als beeindruckenden Bilanz von dreizehn gewonnenen Meisterschaften, das im Rahmen einer gebuchten Führung besichtigt werden kann.

Lesetipps

› Andy Dougan, **Dynamo: Defending the Honour of Kiev,** Fourth estate, 2002. Bislang nur auf Englisch erschien bereits vor einigen Jahren dieser spannende Titel zu einer historischen Begebenheit.
› Olexandr Hawrosch, Artem Tschech, Jurij Wynnytschuk u.a., **Wodka für den Torwart, Elf Fußball-Geschichten aus der Ukraine,** Edition fotoTapete, Berlin 2012. Am scharfkantigen Rand Europas fängt dieser Band Stories ein, in denen es unter anderem um „das ukrainische Brasilien" geht. Auch der politische Aspekt des Fußballs wird beleuchtet: „Im Unterschied zum übrigen Leben gibt es im Fußball noch das unglaubliche Gefühl echter Gegenwehr, klarer Trennung, gerechten Richtens …"
› Olaf Sundermeyer, **Tor zum Osten, Besuch in einer wilden Fussballwelt,** Verlag Die Werkstatt, Göttingen 2012. „Fußballer sind die Kosmonauten des 21. Jahrhunderts", schreibt der Journalist und Fußball-Experte für Osteuropa in seinem spannenden Lagebericht. In Kapiteln wie „Meine Yacht, mein Stadion, meine Hooligans" oder „Gas schießt Tore" dämmert dem Leser, dass Fußball, Medien und Macht in der Ukraine eng miteinander verwoben sind … und wie hier in Zukunft das Runde ins Eckige kommt.
› Serhij Zhadan (Hg.): **Totalniy Futbol,** edition suhrkamp, Berlin 2012. Acht Schriftsteller erzählen von der langen Fußballtradition der Ukraine, von Fans und Stadien, Land und Leuten. Aus Kiew berichtet Juri Andruchowytsch höchstselbst.

Vitali Klitschko: vom Boxer zum Politiker

Die beiden Schwergewichtsboxer Vitali und Wladimir Klitschko sind längst in die Annalen der Stadt eingegangen. Vitali ist heute Bürgermeister von Kiew. Seine Familie zog 1985 hierher, er arbeitete hier später als Stadtführer. 1996 unterschrieb er bei Universum Boxpromotion und zog mit seinem jüngeren Bruder nach Hamburg. Bei beiden, immer für die Ukraine antretenden und ungemein populären Sportlern, die es sogar zu einem Doktortitel gebracht hatten, folgte eine beispiellose Boxkarriere. 2004 gründeten sie ihre eigene Promotion-Firma, später eine Stiftung. Vitali ging aus 47 Kämpfen als Sieger hervor, orientierte sich aber immer mehr Richtung Kiew. Zweimal, 2006 und 2008, kandidierte „Dr. Eisenfaust" für das Bürgermeisteramt, allerdings vergeblich. 2012, inzwischen mit seiner Frau und drei Kindern in Hamburg, Los Angeles und Kiew beheimatet, gründete er seine eigene Partei, die Ukrainische Demokratische Allianz (UDAR, Udar bedeutet übersetzt „Fausthieb"). Als er verkündete, dass er bereit sei, „die Mauern einzureißen, die die Gesellschaft und die Machthaber im Land heute trennt", konnte er nicht ahnen, wie die Geschichte der Stadt und des ganzen Landes weitergehen würde ...

„Sein härtester Kampf" titelte die ZEIT im Dezember 2013, als Vitali in den Revolutionswirren einer der drei Oppositionsführer neben Arsenij Jazenjuk und Oleh Tjahnibok wurde und für Neuwahlen eintrat. Er stellte sich auf die Bühne, um die aufgebrachte Menge zu beruhigen, nachdem Präsident Janukowitsch sich geweigert hatte, ein Assoziierungsabkommen mit der EU zu unterzeichnen. Die Lage eskalierte. Zeitweilig stand Vitali schutzlos vor hinter Schilden verschanzten Polizisten. „Wir als Opposition, die für einen friedlichen Protest steht, haben die Bewegung nicht mehr unter Kontrolle", äußerte er in einem Interview. Aufgrund seiner Bekanntheit wurde Vitali von den deutschen Medien eher unfreiwillig zum Oppositionsführer gekürt: „Haben ihre Fäuste die Kraft, die Sterne vom Himmel zu holen?", titelte BILD im Februar 2014. Nachdem die Opposition die Amtsenthebung von Janukowitsch erreicht hatte, überließ Vitali die Kandidatur für das Präsidentenamt Petro Poroschenko, einem Politprofi. UDAR fusionierte mit dessen Partei Blok Poroschenko. „Politik ist gefährlicher als Boxen. Hier gibt es klare Regeln und Millionen Zuschauer. In der Politik passiert das meiste hinter verschlossenen Türen - ohne Regeln."

Als Bürgermeister von Kiew, der er mittlerweile ist, hat Vitali Großes vor. Viele seiner Initiativen tragen schon Früchte: Es gibt Fahrradwege, Streetart (s. S. 100) und Start-up-Unternehmen. Sein Herzensprojekt, aus Kiew eine „Smart City" zu machen, hat er auch schon in Angriff genommen. Im Museum der Klitschko-Brüder (s. S. 78) geht es nicht um Politik, sondern um die glorreichen Boxkämpfe der Brüder. Zwanzig Dokumentarfilme zeigen, wie sehr diese beiden Ausnahmeathleten die Boxwelt über Jahre dominiert haben. Auch Weltmeistergürtel und allerlei Devotionalien sind jetzt im Annex des Olympiastadions zu bewundern. Vitali ist inzwischen „Champion Emeritus", Weltmeister im Ruhestand.

PRAKTISCHE REISETIPPS

An- und Rückreise

Mit dem Flugzeug

Fliegen ist die schnellste und einfachste Anreisemöglichkeit. In knapp zwei Flugstunden erreicht man Kiew beispielsweise von Berlin aus. **Ukrainian Airlines** fliegt direkt ab Berlin, Frankfurt, Zürich etc. nach Kiew, **Lufthansa** neuerdings auch direkt ab München und Frankfurt. **Austrian Airlines** bietet ebenfalls Direktflüge von Wien nach Kiew an (Achtung: Handgepäck wird am Gate gewogen).

Ryanair fliegt neuerdings von fünf deutschen Städten und von Wien aus direkt nach Kiew. **Wizzair** bietet sogar Kiew-Flüge von zehn deutschen Städten aus an. Die Maschinen landen am Zhuljany-Flughafen, der stadtnäher ist (Billigflüge ab 80 € hin und zurück je nach Saison und Gepäck).

› www.flyuia.com
› www.lufthansa.com
› www.austrian.com
› www.ryanair.com
› https://wizzair.com

Der internationale **Flughafen Boryspil** (KBP) liegt 30 Kilometer vor den Toren der Stadt. Aus Europa kommend landen die Maschinen am Terminal „B" oder „F". Eine Bahnverbindung zum Hauptbahnhof wurde Ende 2018 in Betrieb genommen.

Die Passkontrolle kann einige Zeit in Anspruch nehmen, vor allem gegen Abend. Meist dreht der Koffer schon einsam seine Runden, bis man das Gepäckband erreicht hat. Eine Zollerklärung braucht nur, wer mehr als 3000 € bar mitbringt.

› Boryspil Airport, http://kbp.kiev.ua (mit Flugsuche)

Der **Zweitflughafen Zhuljany** wird u. a. von Wizzair (z. B. von Köln, Dortmund, Hamburg oder Hannover) angeflogen. Er liegt sehr zentral und ist mit Minibus oder Taxi von der Metrostation Ploschtscha Lwa Tolstoho schnell zu erreichen.

› Zhuljany Airport, http://iev.aero

Vom Flughafen in die Stadt

Als erste Amtshandlung sollte man in der Ankunftshalle (links hinter einer Säule) mit der regulären Giro-Karte Bargeld in der Landeswährung Hriwna am Automaten abheben (mit Quittung). Private Taxis sind teuer und nicht sicher. Uber ist eine Alternative. Staufrei kommt man mit dem neuen Zug zum Hauptbahnhof (Einfachfahrt: 4 €). Allerdings ist der Kurzzug sehr voll und am Bahnhof gibt es keinen Fahrstuhl. Dafür fährt er rund um die Uhr (Fahrzeit ca. 40 Minuten, Abfahrt zweimal pro Stunde)

› www.uz.gov.ua

Eine weitere Alternative ist der lilafarbene „Skybus" (Bus Nr. 322), der ab 4 Uhr morgens bis 3 Uhr nachts im 20-Minuten-Takt alle Terminals ab- und anfährt. Der 40–60 (in Stoßzeiten auch 90) Minuten dauernde Transfer zum Bahnhof *(woksal)* kostet ca. 4 €. Der Bus hält zwischendurch auch an der Metro Charkiwska. Der „Skybus" hält am Bahnhof am südlichen Eingang. Der Eingang zur Metro liegt jedoch am anderen (nördlichen) Eingang (Fußgängertunnel).

› **Info:** http://skybus.kiev.ua/de

◁ *Vorseite: Die Generation Selfie erobert Kiew*

Vom Zhuljany Airport fahren Minibusse zur Metrostation Ploschtscha Lwa Tolstoho. Bus 302 fährt zur Metrostation Kontraktowa Ploschtscha.

Mit dem Auto

Von Deutschland aus, aber auch von Österreich oder der Schweiz kommend, ist es nach Kiew mit dem Auto weit (Berlin – Kiew 1381 Kilometer).

Für die **Einreise** mit dem eigenen PKW benötigt man die Fahrzeugpapiere, den internationalen Führerschein und die grüne Versicherungskarte, eine Zollanmeldung, einen Erste-Hilfe-Kasten und einen Feuerlöscher. Ein Mobiltelefon ist sinnvoll, am besten kauft man in der ersten ukrainischen Stadt eine ukrainische Chipkarte für das deutsche Handy. Am Grenzübergang ist mit langen Wartezeiten zu rechnen.

Das **Tankstellensystem** ist gut ausgebaut, in Kiew haben die Tankstellen Tag und Nacht geöffnet. Leider sind viele **Parkplätze** mittlerweile gebührenpflichtig und die Straßen schlecht. Mietwagen gibt es bei Domino, Europcar, Avis und Hertz.

Mit dem Zug

Von Berlin aus gibt es eine Verbindung nach Kiew mit Halt in Warschau und Lemberg. Der Zug verlässt Berlin Hbf. gegen Mittag. Ab Warschau (1 Stunde Aufenthalt) führt der Zug auch Schlafwagen. Die Fahrt dauert von Warschau aus ca. 17 Std. und kostet 100 € (Polen-Spezialangebot ab 39 € oder die Sparangebote der Deutschen Bahn).

Von Wien gibt es seit 2017 eine Direktverbindung über Budapest und Lemberg (ca. 20 Std.), **von Zürich** braucht der Zug 34 Std.

Barrierefreies Reisen

Kiew verfügt leider nur über wenige behindertengerechte Einrichtungen. Die Verkehrsmittel sind mit Rollstuhl (wie mit Kinderwagen) eine Zumutung. Es gibt keine Fahrstühle, viele Stufen beim Umsteigen und die langen und steilen Rolltreppen sind ohnehin gewöhnungsbedürftig. Nahezu alle großen Straßen müssen unterquert werden. Kiews Hügel machen letztlich sogar das Schieben eines Rollstuhls zu einer großen Anstrengung und erfordern zudem viel Geduld.

› Der **Bundesverband Selbsthilfe für Körperbehinderte** (mit Reiseassistentensuche und Spezialreisen) kann eventuell weiterhelfen: www.bsk-ev.org

Diplomatische Vertretungen

- **127** [L11] **Deutsche Botschaft in Kiew,** Wul. Bohdana Chmelnyzkoho 25, Metro: Teatralna, Mo.–Do. 8–17.15, Fr. 8–15.30 Uhr, Tel. 2811100, www.kiew.diplo.de. In Notfällen außerhalb der Öffnungszeiten ist die Botschaft unter Tel. +380 50 3558285 zu erreichen.
- **128** [L11] **Österreichische Botschaft in Kiew,** Wul. Iwana Franka 33, Metro: Soloti Worota, Tel. 2772790, geöffnet: Mo.–Fr. 8.30–16.30 Uhr, www.bmeia.gv.at/oeb-kiew. Notfallnummer: +380 503101414.
- **129** [S15] **Schweizer Botschaft in Kiew,** Kosjalynska 12, Metro: Arsenalna, dann mit dem Bus bis zur Endstation am Nationalen Museum der Geschichte der Ukraine im Zweiten Weltkrieg (Richtung Lawra), Tel. 2816128, Mo.–Do. 8.30–12 und 14–17, Fr. 8.30–12 Uhr, www.eda.admin.ch/kiev. Notfallnummer: +41 800 247365 (24 Std. geschaltet, kostenlos).

Ein- und Ausreisebestimmungen

Für einen Aufenthalt von bis zu 90 Tagen können Deutsche, EU-Bürger sowie Staatsangehörige der Schweiz ohne vorherige Erteilung eines **Visums** in die Ukraine einreisen. Nach 90 Tagen müssen sie wieder ausreisen, dürfen sich aber danach erneut für 90 Tage visafrei in der Ukraine aufhalten.

Weiterhin bedarf es aber bei der Einreise der Vorlage eines **Reisepasses** oder vorläufigen Reisepasses, der mindestens einen Monat über das Ende des geplanten Aufenthalts in der Ukraine hinaus gültig ist. Reisen Kinder nur mit einem Elternteil, ist in vielen Ländern bei der Einreise eine Einverständniserklärung des anderen Elternteils erforderlich. Detailinfos siehe Website des Auswärtigen Amtes.

Elektrizität

Die Netzspannung beträgt 220 Volt, 50 Hertz. Steckeradapter sind nicht mehr nötig.

Film und Foto

Unbekannte Einwohner zu fotografieren ist in allen Nachfolgestaaten der UdSSR schwierig. Am besten fragt man kurz um Erlaubnis („Tschy moschu?"). In den meisten Kirchen und Klöstern ist das Fotografieren/Filmen nur mit einem zusätzlichen Ticket erlaubt. Das kostet aber nur wenige Cent und wird zusammen mit der Eintrittskarte gekauft. Film- und Fotoausrüstung gibt es im Medienkaufhaus Rozetka am Majdan (s. S. 80).

Geldfragen

Kiew ist im Vergleich zu anderen Großstädten derzeit sehr günstig zu bereisen. Sowohl die Flüge als auch die Hotels sind aufgrund der Währungsverluste günstiger geworden. Restaurants, Museen und Klubs sind ausgesprochen preisgünstig.

Die **Landeswährung** heißt **Hriwna**. Den aktuellen **Umrechnungskurs** findet man zum Beispiel unter www.oanda.com. Bei Drucklegung im Juni 2019 betrug er:

1 Euro = 29,36 Hriwna
100 Hriwna = 3,34 Euro
1 SFr = 25,79 Hriwna
100 Hriwna = 3,80 SFr

Mit der **Debit-(Giro-)Karte** kann man rund um die Uhr Geld an **Bankautomaten** abheben. Die Gebühr beträgt ca. 5 €. Gängige **Kreditkarten** werden auch in Restaurants, Hotels oder sogar Buchhandlungen akzeptiert. Bargeld abheben sollte man besser mit der Debit-Karte. Mit ihr kann man auch in einigen Geschäften bezahlen.

Beim Abheben von Bargeld in Landeswährung wird manchmal angeboten, dass die Abrechnung mit dem eigenen Konto in Euro erfolgen kann. Das Verfahren ist als Dynamic Currency Conversion (DCC) bekannt. Wählt man diese Option, die ja sicherer erscheint, wird aber ein ungünstiger Wechselkurs zugrunde gelegt, der erhebliche Kosten verursachen kann. Deshalb sollte man Abhebungen immer in der Landeswährung vom eigenen Konto abbuchen lassen. Dann legt die eigene Bank den offiziellen Devisenkurs zugrunde.

Einige deutsche Banken (insbesondere die Postbank) statten ihre Girocards aber nicht mehr mit der Maes-

Kiew preiswert

Die Lebenshaltungskosten liegen aufgrund der Inflation weit unter dem westeuropäischen Niveau, sodass man mit wenigen Euro eine ganze Woche in Kiew verbringen kann.

› *Ein Spaziergang rund um die **Kirchenareale oder in Klostergärten** in Kiew ist fast immer kostenlos. Allerdings wird erwartet, dass man eine oder mehrere Kerzen kauft, wenn man die Kirchen betritt, und sie in einen der Leuchter steckt.*

› *Der **Besuch der Höhlen** ❶ ist kostenlos (dafür Kauf einer Kerze).*

› *Für das Areal der **Sophienkathedrale** ⓱ zahlt man nichts, für den Besuch der Kathedrale mit Glockenturm 5 €.*

› **Kostenlos** *sind grundsätzlich: das Pinchuk Art Centre (s. S. 56), das Michaelskloster ⓴, die Wladimirkathedrale ㉙ (auch die Gottesdienste), Babyn Jar ㊴, die Andreaskirche ㉒, das Altkiewer Plateau ㉓, das Wydubyzkyj-Kloster ㊸.*

› *Der **Eintritt für Museen** kostet nur wenige Cent. Als „Ausländer" zahlt man in den großen Museen aber manchmal das Dreifache, sofern man als solcher erkannt wird. Das ist ärgerlich, soll aber nur die Geldbeutel der einheimischen Besucher schonen.*

› *Ein Mittag- oder/und Abendessen in einem der **Selbstbedienungsrestaurants** kostet nicht einmal 5 €, und dabei ist die Küche authentisch ukrainisch.*

› *Ein Espresso oder Caffè Latte im Café kostet 2-3 €. Deutlich günstiger ist die To-go-Variante an einem **mobilen Coffee Shop** (z. B. täglich am Goldenen Tor ⓰ oder an der Metrostation Arsenalna). Gute Qualität!*

› **Metrofahren** *ist wie alle Verkehrsmittel sehr günstig. Eine Einzelfahrkarte kostet 30 Cent (s. S. 126).*

▽ *„Kawy w dorohu" - „Coffee to go" auf Ukrainisch*

tro-Funktion, sondern mit der neuen europäischen Bezahlfunktion „**VPAY**" aus. Dieses System soll vor Skimming schützen, da nicht mehr der kopierbare Magnetstreifen, sondern der Chip vom Automaten gelesen wird. Das hat allerdings zur Folge, dass an Bankautomaten in der Ukraine mit der VPAY-Karte kein Geld gezogen werden kann, da die Automaten die Chips nicht lesen können. Sollte man eine solche Karte besitzen, bleibt einem nur der Umstieg auf die Kreditkarte.

› Weitere Infos unter www.vpay.de

Beim Verlust des Portemonnaies kann man sich (online) über Western Union aus der Heimat **Geld überweisen** lassen (4–15 % Provision). Kontakt über www.westernunion.de oder unter Tel. +38 044 2317015. Abgeholt werden kann das Geld z. B. bei Western Union, Welyka Wasylkiwska Wul. 19, Metro: Ploschtscha Lwa Tolstoho, 24 Std. geöffnet, Tel. 2348107. Aber Achtung: Hat man auch noch den Pass verloren, kann man das Geld nicht in Empfang nehmen. Dann hilft nur der Gang zur Botschaft.

Meine Literaturtipps

*Bulgakow, Michail - **Die weiße Garde**, Sammlung Luchterhand, München 2005. Die Darstellung des inneren Zusammenbruchs einer konservativen Intellektuellenfamilie schildert einer der größten Schriftsteller seiner Zeit mit Tragik, aber auch mit Ironie. Der Bürgerkrieg von 1918, als zeitgleich Bolschewisten, Hetmane und das Petljura-Regime herrschten, wird dabei subtil skizziert, seine „majestätische Stadt Kiew", die wie eine Intarsie inmitten des Krieges und der Revolution liegt, übernimmt die Hauptrolle.*

*Kappeler, Andreas - **Ungleiche Brüder: Russen und Ukrainer vom Mittelalter bis zur Gegenwart**, C.H. Beck Verlag, München 2017. Dieses Buch des renommierten Historikers trägt zum Verständnis des aktuellen russisch-ukrainischen Konflikts bei und erläutert, was die Ukraine als Dankeschön für ihren Verzicht auf Atomwaffen 1994 bekommen hat ... 2013 erschien sein Buch „Die Kosaken" - auch sehr lesenswert.*

*Knoch, Peter und Johenning, Heike Maria - **Architekturführer Kiew**, DOM publishers, Berlin 2015. Avantgarde-Architektur, Jugendstilgebäude, Sakralbauten, Stalin-Empire-Stil - dieses reich bebilderte Buch stellt die schönsten 150 Bauten der „Stadt der Kuppeln und Dämonen" vor. Außerdem: Innenaufnahmen aus dem Volksmuseum der Korruption, Hintergründe zur Architektur des Majdan und Bilder aus revolutionären Tagen.*

*Kurkow, Andrej - **Ukrainisches Tagebuch, Aufzeichnungen aus dem Herzen des Protests**, Haymon Verlag, Innsbruck-Wien 2014. Einen besseren Augenzeugen des Euromajdan kann man sich nicht vorstellen. Der auch in Deutschland bekannte Bestsellerautor lebt mit seiner Familie wenige Gehminuten vom Majdan entfernt und hat das Geschehen hautnah miterlebt. Er beleuchtet auch andere Facetten der Geschichte Kiews und fragt sich, wie es wohl weitergeht.*

*Nowikowa, Olena und Schweier, Ulrich (Hrsg.) - **Europa erlesen Kiew/Kyiv**, Wieser Verlag, Klagenfurt 2013. Dass der 1500 Jahre alten Stadt Kiew in der Literatur als Schauplatz eine wichtige Rolle zukommt, sieht man an der Vielzahl der Textauszüge, die hier kenntnisreich zusammengestellt wurden. Juri Andruchowytsch,*

Gesundheit und Hygiene

Ein normaler **Impfschutz** plus evtl. Hepatitis A reicht aus. **Leitungswasser** sollte nicht getrunken werden. Mineralwasser gibt es an jeder Ecke und in allen Apotheken zu kaufen. Die Apotheken sind fast so gut sortiert wie in Westeuropa.

Die Benutzung von **Toiletten** in Cafés und Restaurants ist frei. Im Zentrum gibt es an allen wichtigen Plätzen öffentliche Münz-Toilettenkabinen. Die sind völlig in Ordnung, dunkelgrün und kaum zu übersehen.

AIDS ist in der Ukraine ein großes Problem. Nirgendwo in Europa sind so viele Menschen HIV-positiv. Über 1 % der Bevölkerung ist bereits betroffen. Das Virus breitet sich seit 1990 gravierend aus. 2018 lag die Zahl der Neuinfektionen bei über 15.000. UNAIDS spricht seit 2000 sogar von einer „Epidemie". Betroffen sind vor allem Frauen. **Kondome** können daher lebensrettend sein.

Hans-Ulrich Treichel, Taras Schewtschenko, John Steinbeck, Boris Pasternak und viele andere haben sie in ihr Herz geschlossen.

Raabe, Katharina und Sapper, Manfred (Hrsg.) - Testfall Ukraine, *Suhrkamp Verlag, Berlin 2015. In diesem sorgfältig editierten Taschenbuch zeichnen fünfzehn namhafte Schriftsteller, Publizisten und Historiker die Ereignisse nach, die die Ukraine und somit die Mitte Europas seit dem Frühjahr 2014 erschüttern. Sie suchen Antworten auf die schwerste außenpolitische Krise Europas nach dem Ende des Kalten Krieges.*

Sabuschko, Oksana - Museum der vergessenen Geheimnisse, *Literaturverlag Droschl, Graz 2010. In diesem Roman geht Sabuschko noch schonungsloser mit der Geschichte der Ukraine im 20. Jh. ins Gericht als in ihren „Feldstudien über ukrainischen Sex". Im Mittelpunkt stehen die Irrungen und Wirrungen dreier Frauen ...*

Sabuschko, Oksana - Planet Wermut, *Literaturverlag Droschl, Graz 2012. Wermut heißt auf Ukrainisch Tschornobyl, „das erste ukrainische Wort, dass man auf allen Kontinenten kennenlernte", schreibt die als „neuer Dostojewski" gefeierte ukrainische Schriftstellerin in ihrem fantastischen Essay-Band. Inspiriert von Lars von Triers Film „Melancholia" schildert sie erstmals nach 25 Jahren des Schweigens ihre persönlichen Erinnerungen an jenen Moment, als in Kiew „der Himmel auf die Erde fiel". Poetisch, beklemmend und wunderschön.*

Schlögel, Karl - Entscheidung in Kiew, Ukrainische Lektionen, *Carl Hanser Verlag, München 2015. Der große Osteuropahistoriker hat die Post-Majdan-Ukraine bereist und versucht, das zu tun, was seiner Meinung nach die Medien verpasst haben: „diesem Land ein Gesicht zu geben, das über die Bilder vom Majdan hinausginge".*

Sniadanko, Natalka - Sammlung der Leidenschaften, *dtv-Verlag, 2007. Was man schon immer über den ukrainischen Mann wissen wollte, schildert die Autorin mit hintergründigem Humor in dieser amüsanten Studie der ukrainischen Gesellschaft. Und wenn mal gar nichts geht, „kann man immer noch Shakespeare zitieren oder in besonders schweren Fällen sogar Schewtschenko".*

❯ Bücher zum Thema Fußball s. S. 105, zur Avantgarde s. S. 59.

Andrej Kurkow – mein Kiew

„Es gibt Städte, in denen man geboren wird und die man nur wegen des besseren Lebens anderswo verlässt, zum Beispiel Odessa (…). Und es gibt Städte, in die man kommt. Nach Kiew kommt man, um zu leben." (A. Kurkow)

Andrej Kurkow, einer der auch international anerkanntesten ukrainischen Literaten, weiß, wovon er spricht. Er selbst wurde als Kind russischer Eltern in St. Petersburg geboren, zog aber schon im Kindergartenalter nach Kiew. Als „ukrainischer russischsprachiger Schriftsteller" sieht er sich in bester Gesellschaft, musste sich doch Mykola (russisch: Nikolaj) Gogol ebenfalls die häufig gestellte Frage „Und warum schreiben Sie nicht auf Ukrainisch?" gefallen lassen.

In seiner Muttersprache Russisch schreibt er in einem warmherzigen, ironischen Ton über die Ukraine. Auch in seiner Funktion als „Meister des Unwahrscheinlichen, Absurden und Skurrilen" (NZZ) macht er seinem Vorbild alle Ehre. Zuweilen wird Kurkow sogar mit Michail Bulgakow verglichen, der bis zu seiner Emigration 1921 ebenfalls in Kiew lebte.

„Kiew ist eine Stadt, die es nicht eilig hat. Diese Stadt ist sehr alt und nimmt ihren verdienten Platz in der Geschichte ein. Man könnte sogar von ‚Geschichten' sprechen, von denen die wichtigsten die Geschichte Russlands (der Kiewer Rus) und die Geschichte der Ukraine sind. Und Kiew hat einen eigenen Vatikan."

Während der Orangen Revolution hoffte er mit heißem Herzen auf einen Neuanfang und darauf, dass „seine" Stadt endlich Weltgeschichte schreiben würde. Kurkow ist politisch sehr engagiert, seine hellsichtigen Analysen der ukrainischen Politik finden sich sogar in der New York Times. In seinem Buch „Die letzte Liebe des Präsidenten" hatte er über die Sackgassen der ukrainischen Politik gemutmaßt und dabei erstaunlich prophetische Fähigkeiten bewiesen. Und doch wurde er von der Wucht der revolutionären Ereignisse im Winter 2013/2014 überrascht. Er wohnt nur 500 Meter vom Majdan entfernt. Und dann war es plötzlich soweit: Alle Augen schauten auf Kiew (s. Literaturtipps S. 112).

Kurkows Lieblingsort in Kiew ist der Andreasstieg. Hier spielen die meisten seiner Romane, hier vermischen sich Nationalitäten, Sprachen und Geschichte(n). „Kiew wird wie früher zu uns allen in der Sprache der alten Steine, der goldenen Zwiebeltürme und der vielen Denkmäler sprechen."

Informationsquellen

Infostellen zu Hause

Die US-Ukraine Foundation hat ein Online-Fremdenverkehrsamt auf die Beine gestellt (www.traveltoukraine.org).

Infostellen in der Stadt

Eine gute Anlaufstelle sind die TIC (Tourist information Centers), z. B. am Flughafen, und die schwarzen Infokioske, an denen man auch Geld tauschen und Bahn- und Konzerttickets, Kekse etc. kaufen kann. Am Metroausgang Majdan befindet sich der zentralste Ableger:

🛈 **130** [O10] **Touristeninformationskiosk Zikawyj Kyiv,** Chreschtschatyk 19, http://visitkyiv.com.ua

Im Goethe-Institut bekommt man jede nur mögliche Auskunft (auch in Notfällen) auf Deutsch und man wird herzlich empfangen. In der Bibliothek darf man auch schmökern ...

🛈 **131** [N7] **Goethe-Institut,** Wul. Woloska 12/4, Metro: Kontraktowa Ploschtscha (von dort ca. 10 Minuten zu Fuß), Tel. +380 44 4969785, www.goethe.de/ukraine, Bibliothek geöffnet: Di.–Sa. 9–19 Uhr

Die Stadt im Internet

> http://euromaidanpress.com – hochkarätige Onlinezeitung, die den Leser in das rebellische Herz des Post-Majdan-Kiew mitnimmt, mit eindeutiger politischer Positionierung, auf Englisch
> http://kyiv.cool – neue, ambitionierte Seite von drei jungen Kiewern, die in einem Newsletter zusammenstellen, was so los ist
> https://en.hromadske.ua – unabhängiger Internet-Fernsehsender, auch auf

EXTRATIPP

Diener des Volkes

Das neue Staatsoberhaupt Wolodymyr Selenskyj war schon einmal Präsident. In der Serie „Diener des Volkes" („Sluha narodu") spielte der gelernte Komiker die Rolle des Staatsmannes so überzeugend, dass einzelne Teile jetzt schon mit englischen Untertiteln auf Youtube zu sehen sind. Trailer unter: www.youtube.com/watch?v=JinkCAN6Bx0.

Englisch, der während der Majdan-Proteste bekannt wurde
> www.interesniy.kiev.ua – das ambitionierteste Internetprojekt der Stadt, Bücher und Stadttouren in vielen Sprachen (s. S. 120), spannende Texte zu diversen Themen
> http://en.censor.net.ua – ukrainischer Tagesspiegel, auch auf Englisch
> http://ukrainianweek.com – englische Version des Tyschden mit viel Politik und Aktuellem aus Kiew
> www.airpano.com/360photo/Kiev – Kiew aus der Luft, die perfekte Einstimmung auf den nächsten Besuch der ukrainischen Kapitale!
> www.facebook.com/Kyivness – Der Filmregisseur Marc Raymond Wilkens hat aus Liebe zu seiner Wahlheimat eine Kiew-Seite namens Kyivness zusammengestellt. Der Schweizer weiß, wo die Szene wann anzutreffen ist. Follow him!

Empfehlenswerte Kiew-Apps

> **Yandex.Metro** – Die Kiewer Metro gibt es auch als App (Russisch/Englisch, kostenlos für Android und iOS).
> **Kyiv Murals** – genaue Lokalisation aller Streetart-Gemälde in Kiew, mit Informationen über die Künstler und deren Ideen hinter den Entwürfen (kostenlos für iOS).

Internet

Mobiles Internet ist in der Ukraine schnell. Fast in allen Cafés gibt es **WLAN**. Im Zeitalter der Handys und Co-Working-Spaces haben Internetcafés ausgedient.

@**132** [M11] **Tsyferblatt**, Wolodymyrska Wul. 49a (2. Hof ganz hinten), Metro: Teatralna, https://kiev.ziferblat.net, geöffnet: tägl. 11-23 Uhr. Ein echter Wohlfühlort mit WLAN – Laptop nicht vergessen. Das Zifferblatt ist eigentlich ein Retro-Café über zwei Ebenen mit kleinen Tischen oder großen Sesseln. Bezahlt wird nach Minuten. Bücher, Kekse und Latte sind inklusive! Neuerdings gibt es auch Kino-Nächte und einen deutschsprachigen Debattierklub (samstags).

Medizinische Versorgung

Bei einem medizinischen Notfall sollte man sich schon aufgrund des möglichen Sprachproblems an eine der ausländischen Kliniken wenden. Die Versorgung dort ist sehr gut. Gezahlt werden muss zunächst in bar. Nur die (deutschen) privaten Krankenkassen erstatten die Kosten. Für gesetzlich Versicherte ist daher eine **private Auslandskrankenversicherung** sehr zu empfehlen. Der Abschluss dieser Versicherung ist ohnehin eine gute Sache, um Sonderleistungen wie Rücktransport abzudecken. Apotheken sind gut bestückt. Man bekommt hier alles, oft sogar 24 Stunden am Tag.

▷ *„Dytjatschyj" steht auf der Eisenbahn: von Kindern für Kinder*

24-Stunden-Apotheke

✛**133** [N12] **Apteka Buduschtschewo**, Chreschtschatyk 44, Metro: Teatralna, Tel. 4980108, http://pharm-concept.com, geöffnet: täglich 8-22 Uhr. In diesem als „Conceptstore für Arzneimittel" entworfenen supermodernen Ladenlokal, das übersetzt „Apotheke der Zukunft" heißt, wird auch Englisch gesprochen.

Kliniken

✛**134** [H8] **American Medical Centre**, Wul. Berdytschiwska 1, Metro: Lukjaniwska, Tel. 4907600, https://kyiv.amcenters.com, 24 Stunden geöffnet. Seit vielen Jahren ist dieses Zentrum eine feste Institution in Kiew. Notfälle aller Art werden hier verarztet. Auch Kinderärzte und Gynäkologen gehören zum Team. Hausbesuche möglich.

✛**135** [M6] **Avanto Zahnklinik**, Wul. Kostjantyniwska 22/17a, Metro: Kontraktowa Ploschtscha, Tel. 5313797, http://avanto.ua, geöffnet: Mo.-So. 9-21 Uhr. Zahnärzte haben generell einen sehr guten Ruf in der Ukraine. Diese Praxis genügt seit über 25 Jahren westlichen Ansprüchen und Kinder sind auch herzlich willkommen. Filialen im Zentrum und im Stadtteil Petschersk.

✛**136** [H15] **Eurolab Center of Medical Diagnostics**, Wul. Solomjanska 11, Metro: Woksalna, weiter mit den Marschrutki 198 oder 458, Tel. 2062000, http://clinic.eurolab.ua, geöffnet: Mo.-Fr. 8-20 Uhr, Sa. 8-17 Uhr. Im Notfall wird man auch 24 Stunden am Tag in dieser hochmodernen Klinik von russischen, Englisch sprechenden Ärzten behandelt. Hier gibt es westlichen Standard, Labortests aller Art und eine Kinder- und Gynäkologieabteilung.

Mit Kindern unterwegs

Kiew ist eine kinderfreundliche, jedoch nicht kinderwagenfreundliche Stadt. Sind die Kleinen schon etwas älter, gibt es viel zu entdecken: ein weltberühmtes Puppentheater, Hüpfburgen in fast allen Parks, ein Spielzeugmuseum und eine richtige, von Kindern betriebene Eisenbahn.

137 [L7] **Experimentanium**, Wul. Stepana Bandery 2a, Metro: Kontraktowa Ploschtscha, Tel. 4256581, www.experimentanium.com.ua, geöffnet: Di.–Fr. 9.30–19, Sa./So. 10–20 Uhr. Dieses erstklassige, geräumige Mitmachmuseum ist nach Fachbereichen aufgeteilt. Für jüngere Besucher sind die Räume Mechanik, Optik und Akustik am interessantesten. Fortgeschrittene können sich im Anatomie-Labor mit einem XXL-Auge, einem Riesenzahn oder einem klitzekleinen Fötus beschäftigen und das Wunder des menschlichen Körpers hautnah erleben. Im Café gibt es Kakao und Eis.

●**138** [C6] **Kindereisenbahn im Syrezkyj-Park**, Metro: Dohoroschytschi, Ausgang links, vorbei an zwei Denkmälern Richtung Babyn Jar, durch den Park bis zur Hauptstraße, ein kleines Stück rechts bis Kreuzung, dann geradeaus weiter, hinter dem Faschismus-Denkmal in den Park, die Haltestelle ist von Weitem zu sehen, geöffnet: Mai– Aug. nur Sa., So. und an Feiertagen von 11.10–15.30 alle 20 Minuten. Authentischer gehts nicht: Die ausrangierte alte Eisenbahn mit Dampflok wird seit 1953 von 9- bis 15-jährigen Kindern betrieben, die sich als Maschinisten, Zugführer und Kontrolleure versuchen und dabei ernste Miene machen. Der nach dem früheren Vorort und Fluss Syrez benannte Park war einst ein Gefangenenlager. Heute ist im wahrsten Sinne des Wortes Gras über die Geschichte gewachsen, durch herrliches Grün zieht die beliebte Bahn ihre Runden und hält nur an zwei Haltestellen, die *jablonka* (Apfelbaum) und *wischenka* (Kirschbaum) heißen.

○**139** [O10] **Marionettentheater**, Chreschtschatyj Park, Wul. Mychajla Hruschewskoho 1, Metro: Majdan, www.akadempuppet.kiev.ua, Aufführungen für Kinder Sa. und So. um 11, 13, 15 und 17 Uhr, für Erwachsene Mi. und Fr. um 19 Uhr. Hoch auf dem Berg liegt eine Art Disney-Märchenschloss, das man so schnell nicht vergisst. Das russische Puppentheater hat nicht umsonst eine lange Tradition. Mit viel Liebe und Einfallsreichtum wurde die Fantasie der Kleinen (und Großen) angeregt. Das ist auch heute noch so. Siehe auch Wasserturm S. 56.

● **140** [W10] **Skypark**, Park Peremohy (Park des Sieges), Metro: Darnyzja, https://skypark.com.ua, geöffnet: tägl. 10–20 Uhr, Eintritt: ab 4 €. Aus der Metro kommend geht es in Richtung McDonald's. Nach einem Fußweg von ca. 20 Minuten über die Hauptstraße des Parks erreicht man einen riesigen Kletterwald mit verschiedenen Parcours, je nach Gewicht und Größe des Kindes. Sicherheit wird hier großgeschrieben.

Ⓜ **141** [P12] **Spielzeugmuseum**, Klowskyj Uswis 8, Metro: Klowska, Tel. 2535400, www.facebook.com/toys.museum.ua, geöffnet: Di.–Fr. 10–18, Sa. 10–17 Uhr. Von 100 Jahre alten Baukränen bis hin zur modernen Barbie findet man hier alles, was das Kinderherz begehrt. Die zauberhaften Blech- und Holzspielzeuge der Batutin-Fabrik sind sehenswert. Spielzeugpanzer, Rotarmistenpuppen und das Lunamobil erinnern an die Zeit, als der Geist der Sowjetunion Einfluss auf alle Lebensbereiche nahm. In den kargen Räumen des Bildungsministeriums (!) können nur 3000 Exponate gezeigt werden. Und dabei ist das Archiv mehr als dreimal so groß.

❯ **Wasserturm** (s. S. 56)

Notfälle

Notrufnummern

❯ **Feuerwehr:** Tel. 101
❯ **Polizei:** Tel. 102
❯ **Ambulanz:** Tel. 103
❯ **Hotline für Touristen in Kiew:** 6116

Kartensperrung

Bei **Verlust der Debit-/Giro-, Kredit- oder SIM-Karte** gibt es für Kartensperrungen eine **deutsche Zentralnummer** (unbedingt vor der Reise klären, ob die eigene Bank bzw. der jeweilige Mobilfunkanbieter diesem Notrufsystem angeschlossen ist). **Aber Achtung:** Mit der telefonischen Sperrung sind die Bezahlkarten zwar für die Bezahlung/Geldabhebung mit der PIN gesperrt, nicht jedoch für das **Lastschriftverfahren mit Unterschrift**. Man sollte daher auf jeden Fall den Verlust zusätzlich **bei der Polizei zur Anzeige bringen**, um gegebenenfalls auftretende Ansprüche zurückweisen zu können.

In **Österreich** und der **Schweiz** gibt es keine zentrale Sperrnummer, daher sollten sich Besitzer von in diesen Ländern ausgestellten Debit- oder Kreditkarten vor der Abreise bei ihrem Kreditinstitut über den zuständigen Sperrnotruf informieren.

Generell sollte man sich immer die **wichtigsten Daten** wie Kartennummer und Ausstellungsdatum **separat notieren**, da diese unter Umständen abgefragt werden.

❯ **Deutscher Sperrnotruf:** Tel. +49 116116 oder Tel. +49 3040504050
❯ **Weitere Infos:** www.kartensicherheit.de, www.sperr-notruf.de

Öffnungszeiten

Viele Geschäfte und Kaufhäuser sind täglich, auch an Sonn- und Feiertagen von 9 bis 20 Uhr geöffnet, in manchen gibt es noch die „sowjetische Mittagspause" (13–14 oder 14–15 Uhr). Einige Lebensmittelgeschäfte haben 24 Stunden geöffnet.

Infos für LGBT+

Die Szene hat sich noch nicht etabliert, aber es gibt einige gute Klubs. 2016 fand zum ersten Mal in der Geschichte der Ukraine eine offizielle Parade mit 2000 Teilnehmern statt.
> Auf der **Website des ukrainischen LGBT-Verbandes** (www.lgbt.org.ua) oder über die App LGBT Portal (VBO Tochka Opory) kann man sich über schwule und lesbische Aktivitäten in Kiew informieren.

143 *[J13]* **Indigo**, Wul. Kudrjaschowa 3, Metro: Woksalna (durch den Tunnel zum Ausgang Bahnhofsgebäude), Tel. 4000011, http://indigo-project.com.ua, Restaurant Mo.–Sa. 11–6, So. 18–6 Uhr, Disco ab 22 Uhr. Ein Eldorado mit viel Weiß und Lila – im Licht der wellenförmigen Neonröhren kommt gebräunter Teint gut zur Geltung. Sehr stylish, aber mit Teppichboden. Dafür XL-Lounge-Terrasse.

144 *[M14]* **Lift**, Wul. Welyka Wasylkiwska 72, Metro: Olimpyjska, geöffnet: Mo.–Fr. und So. 22–6, Sa. 22–8 Uhr. Lift ist ein bekannter Gay-Klub, der über vier Etagen alle Arten von Vergnügungen anbietet, inklusive Karaoke (Di. und Do.), Transvestitenshows und andere Spektakel (Fr./Sa.). Sehen und gesehen werden spielt hier eine große Rolle.

Museen, Behörden und Banken schließen recht früh, meist um 17 Uhr.

Postämter haben von 9 bis 19 Uhr geöffnet, das Hauptpostamt am Majdan Mo.–Sa. 7.30–21 Uhr.

Post

Das Hauptpostamt am Majdan-Platz ist die beste Anlaufstelle für Briefe, Schreibwaren und Briefmarken (schöne Sondermarken).

Post nach Deutschland, Österreich und in die Schweiz dauert ca. 4 Tage, wichtige Dokumente und Pakete schickt man aber besser mit DHL.

142 [N12] **DHL**, Wul. Welyka Wasylkiwska 2, Metro: Pl. Lwa Tolstoho, Tel. 4902600, www.dhl.com.ua, geöffnet: Mo.–Fr. 9–20, Sa. 9–14 Uhr. Die Filiale liegt ganz zentral, an der Kreuzung Bul. Tarasa Schewtschenka und Chreschtschatyk. Eine weitere gibt es im Hotel Saljut (s. S. 123).

Radfahren

Ein Fahrrad sieht man in Kiew relativ selten. Durch die Höhenunterschiede wird Radfahren zu einem mühsamen Unterfangen. Auch sind Autofahrer nicht an Radfahrer gewöhnt. Mieten kann man Räder in Parks am Stadtrand oder auf dem Areal des Exhibition Center [X10]. Mehr unter http://veliki.ua.

Sicherheit

Die Kriminalitätsrate in Kiew ist relativ niedrig. Mafiöse Streitigkeiten haben für den Touristen keine Bedeutung. Sogar nachts ist die Stadt im Zentrum sicher, allerdings nach wie vor schwach beleuchtet. Gewarnt werden soll vor aufdringlichen, aufreizend gekleideten Damen, die sich vor allem in Hotellobbys und Bars aufhalten. Diese moderne Form von Prostitution zielt vor allem auf (deutsche) Geschäftsleute. Auch vor Taschendieben und auf dem Boden liegenden Geldbörsen sei gewarnt. Bitte nicht aufheben – man wird des Diebstahls bezichtigt. Bei etwaigen Vorfällen hilft die Botschaft. Man sollte unbedingt eine Kopie des Reisepasses im Hotel deponieren.

Sport und Erholung

Es gibt viele Parks und Naherholungsgebiete, die mit der Metro schnell zu erreichen sind (Truchanow-Insel, Hidropark etc.). Dort kann man diversen Sommervergnügungen nachgehen, von Tennisspielen über Reiten und Schwimmen bis hin zu Beachvolleyball und Golf. Fitnessklubs gibt es über das ganze Stadtgebiet verteilt, der abenteuerlichste befindet sich unter freiem Himmel und wird Katschalka-Klub genannt (Metro: Hidropark). Hier fungieren ausrangierte Heizkörper, Panzerketten u. v. m. als Geräte ...
●145 [V13] **Katschalka-Klub**

Sprache

Russisch-Kundige finden sich leicht zurecht, auch wenn sich im öffentlichen Leben die ukrainische Schrift durchgesetzt hat. Es ist ratsam, sich einige Buchstaben der ukrainischen Schrift anzueignen, vor allem für das Entziffern der Metrostationen.

Die meisten jungen Kiewer sprechen heute Englisch und sind sehr freundlich und hilfsbereit.

Stadttouren

› Pawlo Miadzel (Tel. 063 1054748) und Natalia Urschuntsewa (Tel. 050 5417426) sind Reiseleiter und Mitbegründer der für deutschsprachige Reisende erdachten Projekte **Reisen Kiew** (https://reisen-kiew.com) und **Reiseziel Kiew** (https://reisenua.net). Über beide Plattformen werden Führungen zu verschiedenen Themen angeboten, z. B. eine Gastro-Tour, ein Streetart-Walk oder ein Besuch der Sophienkathedrale.

EXTRATIPP

Interesniy Kiev
Dahinter verbirgt sich das wohl ambitionierteste Internet- und Stadttourenprojekt der Stadt. Schon die Website (jetzt auch auf Englisch) entführt den potenziellen Reisenden in eine andere Welt. Das junge Team um den stadtbekannten Historiker Viktor Kirkewitsch bietet auch auf Englisch eine riesige Auswahl an einzigartigen Exkursionen durch die Mythen- und Legendenwelt der Stadt an. In kleinen Gruppen werden außerdem Führungen an geheimnisumwitterte Orte unternommen. Dazu gehören unter anderem das Höhlenkloster, Stalins geheime Tunnel unter dem Dnepr oder das Spukkloster Wydubyzkyj. Auch Fahrten mit der Retro-Tram und eine Segway-Tour durch die Parks der Stadt sind im Programm. Und samstags hat das Team exklusiv Zugang zum Haus mit Chimären [37].
› www.interesniy.kiev.ua, Anfragen an tour@interesniy.kiev.ua

Es gibt in den Büroräumen oder im Internet noch eine riesige („die größte") Auswahl an russischen, englischen und deutschen Kiew-Büchern. Kirkewitschs Liebeserklärungen in Buchform sind auch dabei!
●146 [N7] **Interesniy Kiev Shop**, Wul. Illinska 12, Büro 28, Metro: Kontraktowa Ploschtscha, geöffnet: Mo.–Fr. 10–18 Uhr, Tel. 3645111

- Https://chernobyl-tour.com/deutsch.html: Dieser Anbieter offeriert Ganztagestouren nach Pripjat und Tschernobyl, die mindestens zehn Tage vor Reiseantritt gebucht werden müssen. Bezahlt werden kann über Paypal. Die Tarife variieren je nach Wechselkurs und Reisezeit (80–120 €). Proviant, Regenschirm und Reisepass nicht vergessen!
- **Hop-on Hop-Off – Doppeldecker Sightseeing Tours**, 1. Mai–30. Sept. tägl. und stündlich von 11–18 Uhr, Abfahrt: ab Majdan, Chreschtschatyk Wul. 7/11, Tel. 0931878328, www.openkiev.com.ua, 14 €. Sightseeing mit VIP-Faktor: An 17 verschiedenen Haltestellen kann man über die Stadt verteilt in die bekannten, knallroten Doppeldeckerbusse ein- und aussteigen, sooft man möchte. Kommentare gibt es auch auf Englisch. Es kann auch mal sein, dass Vitali Klitschko das Mikro in die Hand nimmt …

Telefonvorwahlen

Vorwahlen für internationale Gespräche **von der Ukraine aus** (nach der Landesvorwahl die lokale Vorwahl ohne 0 wählen)
- nach Deutschland: 8 (kurz warten) 1049
- nach Österreich: 8 (kurz warten) 1043
- in die Schweiz: 8 (kurz warten) 1041

Vorwahl für Gespräche **in die Ukraine:**
- von D, A, CH: +380
- Der Städtecode für Kiew ist die 44, anschließend folgt die siebenstellige Teilnehmernummer in Kiew.

Telefonieren

- **Hotelgespräche** nach Deutschland, Österreich und in die Schweiz sind teuer.
- **Handys:** Fast alle Provider haben Roaming-Verträge mit der Ukraine. Trotzdem ist das Telefonieren nach Deutschland teuer. SMS kosten nur wenige Cent, der Empfang von SMS ist kostenlos.

Kostenfalle Datenroaming

Viele Reisende nutzen auch im Ausland eine **mobile Datenverbindung.** Dies ist jedoch häufig mit hohen Kosten verbunden. Man sollte daher vor der Reise bei seinem Netzbetreiber Informationen über evtl. günstigere Auslandsdatenpakete einholen oder zur Sicherheit die Mobile-Daten-Option deaktivieren und nur über kostenlose WLAN-Netze ins Internet gehen. WLAN gibt es sogar in der Metro.

Trinkgeld

Die Kultur des Trinkgeld-Gebens existierte in den Jahren der Sowjetunion praktisch nicht. Das hat sich mittlerweile geändert. In der Hauptstadt gelten 10 % der Gesamtsumme als angemessen. Von Ausländern erhofft man sich mehr, aber maximal 15 %.

Uhrzeit

- Mitteleuropäische Zeit (MEZ) plus eine Stunde
- Sommerzeit gilt von Ende März bis Oktober.

Unterkunft

Das Angebot an guten Dreisternunterkünften, Boutiquehotels und Hostels ist mittlerweile groß.

Hotels sind aufgrund der Inflation derzeit sehr günstig. Das Preis-Leistungs-Verhältnis entspricht manchmal nicht dem, was man aus anderen europäischen Großstädten gewohnt ist. Eine gute Alternative sind Hostels, Apartments und (sehr nette) Hotelschiffe!

Seit Januar 2019 gibt es in Kiew eine Tourist Tax in Höhe von 1% des Übernachtungstarifs.

Hotels

147 [U11] **Art Hotel Bakkara** €€, Venice Island 1, Hidropark, Metro: Hidropark (Shuttle vom Hotel zur Metro und zurück), Tel. 3693131, https://bakkara-hotel.com.ua. **Familienfreundliches Schiffshotel:** Auf der Kiew vorgelagerten Insel „Venedig" liegt dieses mit 200 Betten ausgestattete 3-Sterne-Hotelschiff vor Anker. Romantisch ist nicht nur der Ausblick auf Skyline und Dnepr, sondern auch die Einrichtung. Mit Klimaanlage und WLAN. Ruhe gibt es nur, wenn die Nachbarn leise sind! Gutes Preis-Leistungs-Verhältnis (ab 60 € im DZ). Mit der Metro ist man schnell im Zentrum.

148 [O7] **Bohdan-Chmelnyzkyj-Hotelschiff** €, Nabereschna-Chreschtschatytska, Anleger 5, Metro: Kontraktowa Ploschtscha, Tel. 2291919, zu buchen über www.booking.com. **Romantisch und heimelig:** Das 1954 in Budapest gebaute Kreuzfahrtschiff bietet v. a. wunderschöne Blicke über das Wasser, aber auch gemütliche Kajüten, ukrainische Speisen und liebenswertes Personal. Oma-Gardinen, Plüschsessel und dicken Teppich sollte man allerdings schon mögen ... und im Sommer kann es recht warm werden.

149 [M10] **Bontiak Hotel** €€, Irininska Wul. 5/24 Block B (Hinterhof), Metro: Soloti Worota, Tel. 0949282131, www.bontiak.com. **Modern und zentral:** Wenn man Glück hat, kann man vom Fenster aus die Goldkuppel des Glockenturms der Sophienkathedrale **17** sehen. In einem ruhigen Hinterhof bietet dieses neue zweigeschossige Hotel geräumige Zimmer und ein schönes Frühstück. Ein echter Insidertipp.

150 [M15] **Greguar Hotel & Apartments** €€, Wul. Welyka Wasylkiwska 67/7, Metro: Olimpiiska, Tel. 4989790, www.greguar.ua. **Authentisch und in Metronähe:** Wer schon immer mal in einem Stalinka-Wohnblock wohnen wollte, ist hier richtig. Die geräumigen Zimmer sind komplett renoviert, mit tollem Parkettboden und teilweise Küchenzeile ausgestattet. Platz für eine Großfamilie. Am besten bucht man Zimmer zum Hof.

151 [M16] **Holiday Inn Kiev** €€-€€€, Wul. Welyka Wasylkiwska 100/Ecke Horkoho Prov., Metro: Olimpiiska, Tel. 3633000. **Etwas außerhalb des Zentrums:** schön eingerichtete Zimmer, WLAN, Restaurant und ein Fitnesscenter im 11. Stock bietet dieses Vier-Sterne-Hotel. Neu: Kinder bis 17 Jahre zahlen nichts.

152 [N9] **Hyatt Regency Kiev** €€€, Wul. Alla Tarasowa 5, Metro: Majdan (dann noch ca. 20 Minuten zu Fuß), Tel. 5811234, http://kiev.regency.hyatt.com. **Gigantischer Pool, der Platzhirsch:** Alles an diesem Hotel verdient 5 Sterne: die Architektur, die Zimmer, das Frühstück, die Lobby, der Service. Spektakulär ist auch die Lage zwischen Sophienkathedrale und Michaelskloster. Und nach einem langen Tag kann man sich schließlich in die Fluten des tiefblauen Swimmingpools im ebenfalls sehr gelungenen Spabereich mit Whirlpool stürzen. Spektakuläre Dachterrasse, auf der man jederzeit auch nur einen Kaffee trinken kann.

🏨 **153** [I12] **Ibis Railway Station** €-€€, Polzunova Wul. 6, Metro: Woksalna, www.accorhotels.com, Tel. 5912333. **Gutes Preis-Leistungs-Verhältnis:** Dieses 2019 eröffnete Ibis-Hotel ist fußläufig vom Hauptbahnhof zu erreichen. Hier fahren die Shuttle-Busse vom und zum Flughafen ab sowie der neue Flughafenzug. Auch die Metro ist über einen belebten Fußgängertunnel in etwa 10 Minuten zu erreichen. Mit Klimaanlage, WLAN, Frühstück von 4 bis 12 Uhr, 24-Std.-Speisekarte. Schönes Design und wider Erwarten sehr ruhig.

🏨 **154** [C10] **Mercure Kyiv Congress Hotel** €€, Hetmana Wadyma Wul. 6, Metro: Schuljawska, Tel. 2053520, https://mercurekyiv.ua. **Schick und jung:** Kasimir Malewitsch und Konsorten lassen grüßen – konstruktivistisch rechteckig ist dieser mit bunten Fenstern aufgepeppte Riegelbau, das Innendesign spielt mit dem Design der 1920er-Jahre. Sogar ein kleines Mini-Malewitsch-Museum ist vorhanden. Die Zimmer sind gemütlich eingerichtet, die Grundfarbe ist anthrazit. Tolles Frühstück. Nicht im Zentrum, zur Metro aber nur 10 Min. zu Fuß. Dafür befindet sich die tolle Shoppingmall Kosmopolit nebenan.

🏨 **155** [N14] **Park Inn Hotel** €€, Welyka Wasylkiwska Wul. 55, Metro: Olimpiiska, Tel. 5862900, www.parkinn.com/hotel-kyiv. **Mit Stadionblick:** Frisch, fröhlich und bunt sind die mindestens 25 m² großen, hellen Standardzimmer. Die unmittelbare Nähe zum Olympiastadion ist vor allem für Fußballfans unschlagbar. In den oberen Etagen ist es schön ruhig und man hat einen VIP-Stadionblick! Mit Klimaanlage, in der Nähe der Shoppingmall Gulliver (s. S. 79). Reichhaltiges Frühstück. Bestes Preis-Leistungs-Verhältnis!

🏨 **156** [M12] **Premier Palace Hotel** €€€, Bul. Tarasa Schewtschenka 5–7, Metro: Pl. Lwa Tolstoho, Tel. 2441200, https://premier-palace.phnr.com/ua. **Luxushotel mit Old-World-Charme:** Das Premier Palace war das erste Luxushotel in Kiew und es ist auch heute noch die erschwinglichste unter den 5-Sterne-Herbergen. Service, Zimmer, Lage und Frühstück sind erstklassig. Im 8. Stock kann man auf Kiews spektakulärster Terrasse (Restaurant Atmosfera) stundenlang frühstücken oder dinieren, was allerdings ein recht kostspieliges Vergnügen ist.

🏨 **157** [L10] **Radisson Blu** €€€, Jaroslawiw Wal 22, Metro: Soloti Worota, Tel. 4922200, www.radissonblu.com. **Zentral gelegen und mit tollem interkontinentalen Frühstück:** In einem historischen Gebäude einige Gehminuten vom Goldenen Tor entfernt befindet sich dieser Ableger der großen Kette. Die Zimmer sind gehobener Standard. Man kann wählen zwischen italienischem und skandinavischem Design. Es gibt zwar unzählige Fitnessgeräte und eine Sauna, aber keinen richtigen Spabereich.

🏨 **158** [R12] **Saljut** €€, Wul. Iwana Masepy 11b, Metro: Arsenalna, Tel. 4941400, https://hotelsalute.ua. **Kultig und plüschig:** eines der komfortabelsten und gemütlichsten Hotels der Stadt. Das imposante, kreisrunde Gebäude aus dem Jahre 1984 liegt in der Nähe des Höhlenklosters und atmet noch ein bisschen Sowjetvergangenheit. Die Zimmer sind klein, der Blick ist herrlich, aber man

---

Preiskategorien

€	bis 40 €
€€	bis 100 €
€€€	bis 200 €

(Preis für ein Doppelzimmer pro Nacht inklusive Frühstück)

sollte nicht allzu lärmempfindlich sein, hier finden zuweilen auch Techno-Partys statt. Von und zur Metro nimmt man am besten den Bus. DHL-Filiale im Haus.

🏨 **159** [O11] **Ukraina** €–€€, Wul. Instytutska 4, Metro: Majdan, Tel. 2782804, http://ukraine-hotel.kiev.ua. **Günstig und sehr zentral:** Kein Foto vom Majdan ohne die alte Dame unter den Kiewer Hotels – direkt am Unabhängigkeitsplatz dominiert das Ukraina die Skyline seit Ende der 1950er-Jahre und bietet kleine, plüschige, aber saubere Zimmer. Die renovierten sind etwas teurer. Allzu lärmempfindlich sollte man nicht sein, aber die Lage ist 1a.

🏨 **160** [M8] **Wosdwyschenskyj Boutique Hotel** €–€€, Wul. Wosdwyschenska 60, Metro: Kontraktowa Ploschtscha, Tel. 5859900, www.vozd-hotel.com. **Romantisch und liebevoll:** In schönster Hanglage am Andreasstieg steht das ruhige, in Pastellfarben eingerichtete Boutiquehotel mit diversen Terrassen, Internet und Kuschelsofas. Die 25 relativ kleinen, etwas plüschigen Zimmer sind schnell ausgebucht, vor allem seitdem das an das Hotel angrenzende neue Stadtviertel Small Europe (s. S. 25) sehr angesagt ist.

Hostels

🏨 **161** [N10] **Ballet Hostel** €, Tarasa Schewtschenko Prow. 21/13, Metro: www.ballet.ua, Tel. 3836418. **Zentral und familiär:** Wenige Gehminuten vom Majdan entfernt befindet sich Kiews vielleicht bestes Hostel für Pärchen. Es hat nur sechs Zimmer, daher frühzeitig reservieren.

🏨 **162** [M7] **Dream House Hostel & Bar** €, Andrijiwskyj Uswis 2, Metro: Kontraktowa Ploschtscha, Tel. 5802169, www.dream-family.com. **Cool Kiev, bestes Party-Hostel:** Im malerischen Künstlerviertel liegt dieses neue Hostel in einem mit viel echtem Holz liebevoll renovierten Gründerzeitbau, das 2018 von der Tourismusbehörde als beste Party-Unterkunft bezeichnet wurde. Mit Küche, Speiseraum, Waschmaschine, WLAN ... und sehr nettem Service. Gemütlich und weltoffen ist auch das „Drusi"-Café im Hof. Für ein Doppelzimmer mit Bad und WC (Einzelzimmer gibt es auch) zahlt man nicht mehr als 50 €. Direkt am Andreasstieg, ein echter Tipp!

🏨 **163** [M13] **Zig Zag Hostel** €, Antonowitscha Wul. 3a, Ap. 18, Türcode 18, Metro: Ploschtscha Lwa Tolstoho, Tel. 2349611, https://zzhostel.com.ua. **Schrill und bunt, aber sehr sauber:** ausschließlich mit Stockbetten ausgestattetes Hostel im Herzen Kiews. Nicht besonders große Sechser- oder Achterzimmer, aber große Gemeinschaftsräume mit Computern, Schließfächern, WLAN. Badezimmer saniert und tiptop. Schnell ausgebucht.

Apartments

● **164** [N10] **City Apartments** €–€€, Wul. Borysa Hrintschenka 2/1, Metro: Majdan, Tel. 2093755, http://cityapartments.com.ua. **Ikea-Stil und super Preis-Leistungs-Verhältnis:** Gemütliche Dachgeschosswohnungen sind ebenso im Angebot wie kleine, mit XXL-Sofaecken ausgestattete Zweizimmerwohnungen, allesamt nur wenige Gehminuten vom Majdan entfernt. Alle Zimmer mit Klimaanlagen, Laminat, Flachbildschirmen, Waschmaschinen, Kochnischen etc. Freundlicher Service und super Preis-Leistungs-Verhältnis.

❯ **Senator Apartments** €–€€€, www.senator-apartments.com. **Westeuropäischer Standard:** Diese erste ukrainische Kette für die Vermietung hochwertiger, möblierter Apartments im Zentrum von Kiew bietet drei Lokalitäten an: City Center, Executive Court und Apartments Majdan (T. Schewtschenko Prow. 8b).

Verhaltenstipps

Ein „Kulturschock" ist auf einer Reise in die ukrainische Hauptstadt nicht zu erwarten. Kiew ist westeuropäischer, als man meint. Auch sind Ukrainer sehr gastfreundlich und herzlich. Allerdings gibt es einige Umstände und Gepflogenheiten, über die man sich im Klaren sein sollte:

> **Begrüßung:** Ukrainische Frauen halten es für unschicklich, einem Mann, den sie noch nicht kennen, die Hand zu schütteln. Man(n) sollte daher abwarten, ob die Dame ihm die Hand gibt oder nicht. Meist begrüßen sich Freunde oder Bekannte mit einem Kuss links und rechts auf die Wange oder umarmen sich.

> **Besuch von Kirchen und Klöstern:** Es wird angemessene Bekleidung erwartet, die auch Arme und Beine bedeckt. Frauen sollten das Haar mit einem Kopftuch bedecken (s. S. 16).

> **Kleidung:** Die Hauptstädter legen Wert auf gepflegtes Aussehen. Bermudashorts an Männerbeinen wird man selbst im heißesten Sommer kaum antreffen. High Heels werden allerdings auch im Hochsommer und – Hut ab – auch bei meterhohem Neuschnee selbstbewusst getragen! Frauen sind in der Regel sehr modisch und schick gekleidet.

> **Rendezvous:** Eine einzelne Rose sollte man beim ersten Treffen mit einer Frau schon in der Hand halten, auch wenn das in Westeuropa eher unüblich ist. In jedem Fall darf man Blumen nur in ungerader Anzahl schenken. Beim zweiten Treffen wird ein Geschenk erwartet, am besten Parfum. Zum Werben um eine Dame gehören lange Spaziergänge in einem der zahlreichen Parks. Auch wenn man sich in einem Café verabredet hat, folgt nach dem Kaffee (der Mann lädt die Dame ein!) der obligatorische „pruhuljanka" (Spaziergang). Hand in Hand spazieren zu gehen ist unüblich.

KURZ & KNAPP

Sekundotschka – Minutotschka

Diese beiden Begriffe, die sicher nicht übersetzt werden müssen, charakterisieren die Mentalität der Ukrainer sehr gut. Sie lässt sich am ehesten mit der der Italiener vergleichen, vorzugsweise der Süditaliener. Man geht den Tag ruhig an. Und mit der Pünktlichkeit ist es so eine Sache. Es kann auch vorkommen, dass vor einem vereinbarten Termin noch dreimal telefoniert werden muss, um ihn zu bestätigen. Das heißt jedoch nicht, dass der Verabredete pünktlich ist. Während in Deutschland mit den beiden Begriffen ein kurzer, überschaubarer Zeitraum verbunden wird, bedeutet „Sekundotschka" in diesem kulturellen Umfeld alles zwischen 15 Minuten und zwei Stunden. Hört man das geflügelte „Minutotschka", sollte man sich auf eine längere Wartezeit und/oder einen ungewissen Ausgang der geschäftlichen oder privaten Angelegenheit einstellen. Da sind Geduld und Nachsicht das Gebot der Stunde.

> **Nichts vom Boden aufheben:** Seit einiger Zeit werden Touristen mit am Boden liegenden Geldbörsen geködert und dann des Diebstahls bezichtigt. Da man nichts beweisen kann, muss man unter Umständen einen hohen Betrag bezahlen, um aus der Geschichte wieder herauszukommen.

> **Sex:** Kiew hat unbestritten den Ruf, eine sexuell freizügige Stadt zu sein, doch für den ausländischen Besucher gilt das meist nur gegen Bezahlung. Damit ist auch ein (kurzes) Intermezzo etwa in einer Strip-Bar gemeint. Und die alleine an den Bars der Klubs oder Hotels sitzen-

den Damen sind keine „Professionellen", sondern „Amateure", die in der Freizeit ihr meist niedriges Monatseinkommen aufbessern wollen. Auf Kondome sollte in keinem Fall verzichtet werden (s. S. 113).

› **Tapotschki:** Das sind die Pantoffeln, die in JEDER ukrainischen Wohnung auf den Besucher warten. Die Straßenschuhe werden ausgezogen. Passen die (meist ästhetisch fragwürdigen) Schlappen nicht, läuft man eben in Strümpfen. Das ist ohnehin angenehmer.

Verkehrsmittel

Metro

Das öffentliche Verkehrssystem in Kiew ist gut ausgebaut, schnell, aber auch stark ausgelastet. Die Metro ist ein Juwel in der Stadtschatulle und zusätzlich noch Kult. Die auch *pidsemka* genannte Kiewer Metro (www.metro.kiev.ua) wurde 1960 eröffnet, obwohl es Pläne schon 1934 gab. Aber erst 1949, nach Ende des Zweiten Weltkrieges, konnte mit dem Bau begonnen werden. Sehenswert sind vor allem die Stationen der roten Linie.

Die **Metrostationen** gelten nicht umsonst als unterirdische Paläste. Jede einzelne hat ihren eigenen, meist klassizistischen, konstruktivistischen oder eklektischen Stil. Auch Sowjetnostalgiker und Liebhaber von Mosaiken kommen auf ihre Kosten. Außerdem gibt es in Kiew die tiefste Metrostation der Welt: Zur 100 Meter unter der Erde gelegenen Station Arsenalna fahren zwei Rolltreppen, wobei eine der beiden 65 Meter lang ist. Im Gegensatz zu den westlichen Metromodellen gibt es keine Umsteigebahnhöfe im traditionellen Sinne. Jede Station heißt anders, je nachdem, von wo man kommt. Die Stationen sind durch Tunnel und/oder Treppen miteinander verbunden. Ein paar kyrillische Zeichen sollte man sich einprägen (am besten die ersten drei eines Stationsnamens), sonst verläuft man sich schnell. Besonders große Wachsamkeit ist an der **Station Chreschtschatyk** erforderlich. Sie hat drei Aus- bzw. Eingänge, die rund 200 Meter voneinander entfernt liegen.

Vor einiger Zeit wurden alle **Metroeingänge** der Stadt mit einem grün leuchtenden „M" versehen. Daneben steht der Name auf Ukrainisch und Englisch. Die **Züge** verkehren in einer angenehm hohen Frequenz. In Stoßzeiten rauscht alle zwei Minuten einer der Züge auf der Breitspur an oder ab, abends muss man bis zu 10 Minuten warten.

› **Metroplan:** Die Beschilderung in der Metro ist oft schon zweisprachig. Auf den Plänen in den Zügen über der Tür findet man englische Stationsbezeichnungen. Der zweisprachige Plan in diesem Band hilft bei der Orientierung. Auf der offiziellen (leider nur ukrainischen) Website www.metro.kiev.ua/node/101 hilft der aktuelle Metroplan auf Ukrainisch und Englisch.

› **Fahrkarten:** Ein Einzelticket *(kwytok)* kostet 8 Hriwna. Am besten kauft man gleich zehn Tickets an einem der Schalter in der Eingangshalle. Manchmal macht es auch Sinn, eine 15-Tages-Karte zu kaufen. Sie kostet nur 5 €. Dann steht man nur einmal Schlange. Es gibt noch die alten Plastikmünzen, aber auch die ersten aufgeladenen Magnetkarten, die man vor die Anzeige halten muss. Man wartet, bis das Licht auf Grün schaltet und passiert – erst dann – die Schranke.

› **Betriebszeiten:** Die Metro fährt täglich von 6 bis 24 Uhr.

Marschrutki (marschrutnoje taksi)

Die im Plural *marschrutki* genannten privaten Kleinbus-Sammeltaxis, die es in den 1970er-Jahren auch in New York gegeben hat, fahren an sämtlichen wichtigen Punkten der Stadt und in den Außenbezirken los und verkehren auf den Trolleybus- und Busrouten. Sie halten aber nur an den Haltestellen und nur dann, wenn ein Passagier signalisiert, dass er aussteigen will.

An einer der Haltestellen stehend, muss man schon winken, damit die Marschrutki anhalten. Es werden so viele Menschen wie nur möglich in einer Marschrutka untergebracht. Der Preis steht in großen Lettern am Fenster. Auch die Strecke, allerdings in kyrillischer Schrift!

Das Geld (je nach Route zwischen 3 und 5 Hriwna) reicht man am besten möglichst passend einem der Passagiere und wundert sich dann, dass es tatsächlich vorn ankommt. Wechselgeld kommt auf Heller und Pfennig im „Stille-Post-Modus" zurück – ein Kuriosum.

Taxi

Taxis gibt es wie Sand am Meer und von verschiedensten Firmen. Um eine gewisse Einheitlichkeit der Transporttarife zu gewährleisten, sind jetzt nur noch Taxis mit Taxameter erlaubt.

Je nach Tageszeit gelten unterschiedliche Tarife. Auch kann es sein, dass der *drajwer* unter großem Gezeter über die mannigfaltigen Baustellen einen XXL-Umweg fährt.

So mancher Fahrer scheint in einem früheren Leben Rallyes gefahren zu sein ... oder gar keinen Führerschein zu haben. Den kann man nämlich in der Ukraine auf vielerlei Arten erwerben.

Besonders als Frau sollte man vor allem abends ein **Ruftaxi** nutzen. Die englischsprachige, sehr zuverlässige Lingo-Flotte bucht man mit dem Handy über die Website. („Wieviel kostet das" heißt „Skilki ze koschtuje"?)
› **Lingotaxi (Englische Taxis),** https://lingotaxi.com/english-taxi-service-kiev

Trolleybusse

Die ewig voll besetzten, stickigen und unbequemen Trolleys sind ein Relikt aus der Sowjetzeit und werden peu à peu durch moderne Busse ersetzt. Die Haltestellen werden meist nur durch Schilder an der Oberleitung markiert. Tickets kauft man an kleinen Straßenkiosken, beim Fahrer oder bei den mitfahrenden Kontrolleuren. Eine Einzelfahrt kostet ca. 20 Cent.

Bootsfahrt auf dem Dnepr

Die Bootsfahrt vom Anleger bis zur Paton-Brücke und zurück dauert eine oder eineinhalb Stunden, je nachdem, was man möchte, und führt auch an der Lawra ❶ vorbei. Die Schiffe fahren aber meist erst los, wenn 40 Passagiere versammelt sind. Das sorgt für Unmut, aber das Warten lohnt sich. Nie sah man die Kiower Skyline besser. Mückenspray und Sonnenschutz einpacken!
› Dnepr-Bootsfahrt, Ausflugsfahrten bei Tag und bei Nacht, Metro: Poschtowa Ploschtscha, Mai–Oktober tägl. 10–19 Uhr (19–22 Uhr mit Disco), Tel. 0800 302122, http://rpea.com.ua, Tickets (auch online) 6 €. Aus der Metrostation Poschtowa Ploschtscha kommend geht man an dem Restaurant-Café Kompot (s. S. 69) vorbei zum Ufer. Dort fahren die Schiffe ab.

Wetter und Reisezeit

Die **beste Reisezeit** für Kiew ist Mai bis Oktober. Die Temperaturen sind angenehm mild und es gibt viel Grün, Sonne und Licht. Der **Mai** ist der Lieblingsmonat der Kiewer, dann fangen nicht nur die Kastanien an zu blühen. Bis Mitte Juni ist die ganze Stadt wie in Wattebäuschchen gehüllt.

Im **Sommer** ist es zwar manchmal bis zu 30 Grad heißt, aber die Luftfeuchtigkeit bleibt meist gering. Das kontinentale Klima ist daher gut erträglich. Im Juli und August ist ein Hotel mit Klimaanlage zu empfehlen.

Im goldenen **Oktober** fallen die Blätter von den Bäumen. Auch wenn die Sonne nicht mehr hoch am Himmel steht, kann man mit herrlichen Tagen und blauem Himmel rechnen.

Zwischen **Ende November und Mitte April** liegt Schnee, oft auch Schneematsch. Dafür ist der Himmel klar und freundlich. Temperaturen von –20 °C sind keine Seltenheit. Es fühlt sich aber an wie um 0 Grad, weil die Luft trocken ist. Für Winterliebhaber ist Kiew ein Märchen, da der Schnee auf den Straßen nur spärlich geräumt wird. Dafür muss man mit Glatteis und Rutschpartien rechnen.

Durchschnitt	**Wetter in Kiew**											
Maximale Temperatur	–3°	–1°	4°	14°	21°	24°	25°	24°	19°	12°	5°	0°
Minimale Temperatur	–8°	–7°	–2°	5°	11°	14°	15°	14°	10°	5°	0°	–5°
Regentage	17	14	13	12	12	13	13	11	10	10	15	17
	Jan	Febr	März	Apr	Mai	Juni	Juli	Aug	Sept	Okt	Nov	Dez

EXTRATIPP

Kiew im Regen

Es gibt keinen Grund zu verzweifeln, wenn es in Kiew regnet. Im Gegenteil: Man kann sich tagelang in den thematisch ungemein vielschichtigen Museen aufhalten, ohne sich zu langweilen. Allein die Kunstmuseen decken eine Spanne ab, die vom 11. bis zum 20. Jh. reicht.

Gerade wenn das Wetter schlecht ist, könnte man die Höhlen besichtigen oder vielleicht zum ersten Mal einen orthodoxen Gottesdienst besuchen. Um 9 oder um 17 Uhr taucht man dann ein in eine fremde, mystische Welt aus Weihrauch, Ikonen und Gesängen. Die Wladimirkathedrale 29 ist vermutlich der atmosphärischste Ort dafür. Und man trifft viele junge Kiewer.

Shoppen in der neuen Shoppingmall Gulliver (s. S. 79) oder im ZUM (s. S. 80) mit Kaffeepause kann auch eine Alternative sein. Abends locken Staatsoper und Philharmonie. Auch die unzähligen Galerien lohnen einen Besuch. Im Pinchuk Art Centre (s. S. 56) mit der One Love Espresso Bar auf dem Dach kann man Stunden verbringen.

Im Übrigen gilt wie überall: Es gibt kein schlechtes Wetter, sondern nur schlechte Kleidung!

ANHANG

Kleine Sprachhilfe Ukrainisch

Die folgenden Wörter und Redewendungen wurden dem Reisesprachführer „Ukrainisch – Wort für Wort" aus der Reihe Kauderwelsch des Reise Know-How Verlags entnommen.

Lautschrift

Abkürzungen

m	männlich
w	weiblich
2, 3 …	bezeichnet die „Nummer" des Falls
+2, +3	verlangt den 2./3. Fall

Aussprache

Hier sind diejenigen Lautschriftzeichen aufgeführt, deren Aussprache abweichend vom Deutschen sein kann.

Ж	sch	stimmhaftes „sch" wie „g" in „Garage"
З	s	stimmhaftes „s" wie in „Rose"
И	y	wie „i" in „bin"
Р	r	rollendes Zungenspitzen-r
С	s	stimmloses „s" wie in „was"
Х	ch	vor a, o, e, u ein ach-Laut wie in „Bach" vor i ein ich-Laut wie in „China" vor a, o, e, u wie „j" in „Maja" nach a, o, e, u und y kürzer, etwa wie „i" in „Mai"
Ц	z	wie „z" in „Zebra"
Ш	sch	stimmloses „sch" wie in „Schule"
Ч	tsch	stimmloses „tsch" wie in „deutsch"
Щ	schtsch	stimmloses „schtsch"
ь	*	Das „Weichheitszeichen" bewirkt, dass der vorangehende Mitlaut „weicher" ausgesprochen wird. In der Praxis hört sich das so an, als spräche man hinter dem betreffenden Mitlaut ein kurzes „j", so wie z. B. in „Matjes".

Ukrainisches Alphabet

А а	a		Ж ж	sch		М м	m	
Б б	b		З з	s		Н н	n	
В в	w		И и	y		О о	o	
Г г	h		І і	i		П п	p	
Ґ ґ	g		Ї ї	ji		Р р	r	
Д д	d		Й й	j		С с	s	
Е е	e		К к	k		Т т	t	
Є є	je		Л л	l		У у	u	
ь ь	*	„Weichheitszeichen"						
Ф ф	f							
Х х	ch							
Ц ц	z							
Ч ч	tsch							
Ш ш	sch							
Щ щ	schtsch							
Ю ю	ju							
Я я	ja							

Zahlen

0	nul*
1	odyn
2	dwa
3	try
4	tschotyry
5	pjat*
6	schist*

+++ Die wichtigsten Wörter mit dem Bonus-Audiotrack des Kauderwelsch-

7	sim	30	trydzjat*
8	wisim	40	sorok
9	dewjat*	50	pjatdesjat
10	desjat*	60	schistdesjat
11	odynadzjat*	70	simdesjat
12	dwanadzjat*	80	wisimdesjat
13	trynadtzjat*	90	dewjanosto
14	tschotyrnadzjat*	100	sto
15	pjatnadtzjat*	200	dwisti
16	schistnadzjat*	300	trysta
17	simnadtzjat*	1000	tysjatscha
18	wisimnadzjat*	10.000	desjat* tysjatsch
19	dewjatnadzjat*	100.000	sto tysjatsch
20	dwadzjat*	1.000.000	odyn miljon

Die wichtigsten Zeitangaben

ВЧОРА / СЬОГОДНІ	wtschora / sjohodni	gestern / heute
ЗАВТРА	sawtra	morgen
ПІСЛЯЗАВТРА	pisljasawtra	übermorgen
ВРАНЦІІ	wranzi	morgens
ДО ОБІДУ	do obidu	vormittags
В ОБІД	w obid	mittags
ПІСЛЯ ОБІДУ	pislja obidu	nachmittags
ВВЕЧОРІ	wwetschori	abends
УНОЧІ	unotschi	nachts
ЩОДНЯ	schtschodnja	täglich
РАНІШЕ / ПІЗНІШЕ	ranische / pisnische	früher / später
ТЕПЕР / СКОРО	teper / skoro	jetzt / bald

Die häufigsten Fragewörter

ХТО? / ЩО?	chto? / schtscho?	wer? / was?
ДЕ?	de?	wo?
КУДИ? / ЗВІДКИ?	kudy? / swidky?	wohin? / woher?
КОЛИ? / ЗВІДКОЛИ?	koly? / swidkoly?	wann? / seit wann?
ЯК? / ЧОМУ?	jak? / tschomu?	wie? / warum?
СКІЛЬКИ?	skil*ky?	wie viel?
ЯКИЙ?	jakyj?	welcher?

Die wichtigsten Fragen

ЧИ Є... ? **Tschy je (+1) ... ?**	Gibt es ... ?
ЧИ МАЄТЕ ... ? **Tschy majete (+4) ... ?**	Haben Sie ... ?

Я ШУКАЮ ... **Ja schukaju (+4) ...**	Ich suche ...
МЕНІ ТРЕБА ... **Meni treba (+4) ...**	Ich brauche ...
ДАЙТЕ МЕНІ БУДЬ ЛАСКА ... **Dajte meni bud* laska (+4) ...**	Geben Sie mir bitte ...
ДЕ МОЖНА КУПИТИ ... ? **De moschna kupyty (+4) ... ?**	Wo kann man ... kaufen?
СКІЛЬКИ КОШТУЄ ... ? **Skil*ky koschtuje (+1) ...**	Wie viel kostet ... ?
ДЕ ... ? **De (+1) ... ?**	Wo ist / befindet sich ... ?
Я ХОЧУ В / НА ... **Ja chotschu w / na (+4) ...**	Ich möchte nach / in ...
ЯК МЕНІ ДОБРАТИСЯ ДО ... **Jak meni dobratysja do (+2) ...**	Wie komme ich zu / nach ...
ЯК ДАЛЕКО ДО ... **Jak daleko do (+2)...**	Wie weit ist es bis ... ?
ДОПОМЖІТЬ МЕНІ БУДЬ ЛАСКА! **Dopomoschit* meni bud* laska!**	Helfen Sie mir bitte!

Die wichtigsten Floskeln und Redewendungen

ТАК – НІ **tak – ni**	ja – nein
ДЯКУЮ! – БУДЬ ЛАСКА! **Djakuju! – Bud* laska!**	Danke! – Bitte!
ДЯКУЮ, ВАМ ТЕЖ! **Djakuju, wam tesch!**	Danke, gleichfalls!
ДОБРИЙ ДЕНЬ! **Dobryi den*!**	Guten Tag!
ЛАСКАВО ПРОСИМО! **Laskawo prosymo!**	Herzlich willkommen!
ЯК СПРАВИ / ЗДОРОВЯ? **Jak sprawy / sdorowja?**	Wie geht es Ihnen?
ДЯКУЮ, ДОБРЕ! **Djakuju, dobre!**	Danke, gut!
НАЖАЛЬ, ПОГАНО! **Naschal*, pohano!**	Leider schlecht!
ДО ПОБАЧЕННЯ! **Do pobatschennja!**	Auf Wiedersehen!
ПРИВІТ! **Prywit!**	Hallo!
БУВАЙ / БУВАЙТЕ! **Buwaj / Buwajte (Ez/Mz)**	Tschüß!
В ПОРЯДКУ! ГАРАЗД! **W porjadku! Harasd!**	In Ordnung!

Я НЕ ЗНАЮ! **Ja ne snaju!**	Ich weiß nicht!
СМАЧНОГО (ВАМ)! **Smatschnoho (wam)!**	Guten Appetit!
НА ЗДОРОВ'Я! / БУДЬМО! **Na sdorowja! Bud* mo!**	Zum Wohl! / Prost!
ВИБАЧТЕ! **Wybatschte!**	Entschuldigung!

Nichts verstanden? – Weiterlernen!

Я ЩЕ ПОГАНО РОЗМОВЛЯЮ ПО-УКРАЇНСЬКИ. **Ja schtsche pohano rosmowljaju po-ukrajins*ky.**	Ich spreche noch schlecht Ukrainisch.
Я ЗОВСІМ НЕ РОЗМОВЛЯЮ ПО-УКРАЇНСЬКИ. **Ja sowsim ne rosmowljaju po-ukrajins*ky.**	Ich spreche überhaupt nicht Ukrainisch.
ВИ МЕНЕ РОЗУМІЄТЕ? **Wy mene rosumijete?**	Verstehen Sie mich?
Я НЕ ЗРОЗУМІВ / ЗРОЗУМІЛА! ЯК? **Ja ne srosumiw/srosumila! Jak?**	Ich habe nicht verstanden. Wie bitte?
ЩО ЗНАЧИТЬ ЦЕ СЛОВО **Schtscho snatschyt* tse slowo ...**	Was heißt dieses Wort ...
... ПО-УКРАЇНСЬКИ? **... po-ukrajins*ky?**	... auf Ukrainisch?
... ПО-НІМЕЦЬКИ? **... po-nimez*ky?**	... auf Deutsch?
ВИ ГОВОРИТЕ ПО-НІМЕЦЬКИ? / ПО-АНГЛІЙСЬКИ? **Wy howoryte po-nimez*ky/ po-anhlijs*ky?**	Sprechen Sie Deutsch/ Englisch?

Wochentage

ПОНЕДІЛОК	**Ponedilok**	Montag
ВІВТОРОК	**Wiwtorok**	Dienstag
СЕРЕДА	**Sereda**	Mittwoch
ЧЕТВЕР	**Tschetwer**	Donnerstag
П'ЯТНИЦЯ	**P'jatnytsja**	Freitag
СУБОТА	**Subota**	Samstag
НЕДІЛЯ	**Nedilja**	Sonntag

Register

A
Abkürzungen 139
AIDS 113
Alphabet, ukrainisches 130
Altkiewer Plateau 26
Altrussisches Zentrum 20
Andreaskirche 25
Andreasstieg 25
Andruchowytsch, Juri 88
Anreise 108
Apartments 124
Apotheken 116
Apothekenmuseum 52
Apps 115
Arbeiterklub 44
Archipenko, Alexander 59
Architektur 44, 50
Art Arsenal 57
Arzt 116
Askold 91
Askolds Grab 83
Auto 109
Avantgarde 58

B
Babyn Jar 43
Barrierefreies Reisen 109
Bars 72
Behinderte 109
Bevölkerung 99
Bogen der Völkerfreundschaft 35
Bootsfahrt 127
Borschtsch 25, 61
Boryspil 108
Botanischer Garten 82
Botanischer Garten, Fomins 35
Botschaft 109
Bücher 79
Bulgakow, Michail 27
Bulgakow-Wohnhausmuseum 27

C
Cafés 63
Chanenko-Kunstmusem 52
Chmelnyzkyj, Bohdan 94
Chreschtschatyk 32
Closer 73

D
Debitkarte 110
Delaunay, Sonja 59
Demografie 90
Denkmal zu Ehren von Fürstin Olga 23
Design 79
Deutsche 28
Diplomatische Vertretungen 109
Discos 73
Dnepr 127
Dnepr-Ufer, linkes 89
Dreifaltigkeitstorkirche 20
Dynamo Kiew 104
Dynamo-Stadion 37

E
EC-Karte 110
Einkaufen 76
Einreisebestimmungen 110
Elektrizität 110
Elektrozubehör 80
El Lissitzky 59
Essen 61
EU-Mitgliedschaft 101
Europaplatz 35
Expocenter 48
Exter, Alexandra 58

F
Fahrrad 119
Feiertage 86
Festung 53
Flughafen 108
Flugzeug 108
Fomins Botanischer Garten 35
Fotografieren 110
Franko, Iwan 74
Freilichtmuseum für Volksarchitektur 46
Fremdenverkehrsamt 115
Funicular 24
Fürstin Olga 23
Fußball 104

G
Galerien 56
Gärten 82
Gastronomie 61
Geld 110
Geschichte 91

Gesundheit 113
Getränke 61
Girocard 110
Glockenturm 19
Goldenes Tor 20
Goldschatz der Skythen 18

H
Handy 121
Hauptpostamt 31
Haus der weinenden Witwe 43
Haus mit Chimären 41
Hetmane 94
Hidropark 84
Höhlenkloster 14
Holocaust 43
Holodomor-Denkmal 23
Holodomor-Gedenkstätte 52
Homosexuelle 119
Horodezkyj, Vladyslaw 42
Hostels 124
Hotels 122
Hriwna 110
Hygiene 113

I, J
Infostellen 115
Internet 115, 116
Janukowitsch, Wiktor 101
Jermilow, Wassilij 59
Juden 43
Jugendstil 28, 43

K
Karäer-Kenasa-Synagoge 42
Kartensperrnummer 118
Kartenvorverkauf 76
Kiewer Patriarchat 16
Kiewer Rus 91
Kinder 117
Kindereisenbahn 117
Kino 76
Kleidung 79, 125
Kliniken 116
Klitschko 106
Klubs 73
Konservatorium 31
Kontraktplatz 29
Konzerte 75
Kosaken 94
Krankenhaus 116
Kreditkarte 110
Kreuzerhöhungskirche 15
Kriminalitätsrate 119
Kurkow, Andrej 114
Kussbrücke 37
Kyrillkirche 44

L
Landschaftsallee 60
Lawra 14
Lawra, Obere 17
Lebensmittel 81
Leitungswasser 113
Lesben 119
Lesja-Ukrajinka-Wohnhausmuseum 53
LGBT+ 119
Lipki 40
Literaturtipps 112
Liwobereschje 89
Lokale 66
Lusina, Lada 81

M
Maestro-Karte 110
Majdan 30
Malewitsch, Kasimir 59
Marijinskyj-Palast 38
Marijinskyj-Park 39
Marionettentheater 117
Märkte 64
Marschrutka 127
Meschyhirja 45
Metro 10, 39, 126
Michaelskloster 23
Miniaturenpark 84
Mlynzi 65
Museen 52
Museum der historischen
    Schätze der Ukraine 18
Museum des Buchdrucks 18
Museum einer Straße 53
Museum für dekorative Volkskunst 19
Museum für russische Kunst 32
Museum für Theater-, Musik-
    und Filmkunst 20
Museum für ukrainische Geschichte 26
Musik- und Filmkunst 20

N

Nachtleben 72
Nationalbank 39
Nationales Kunstmuseum 55
Nationales Museum der Geschichte der Ukraine im Zweiten Weltkrieg 48
Nikolauskirche 42
Notfälle 118
Notrufnummern 118

O

Oberstadt 30
Öffnungszeiten 118
Olympiastadion 105
Oper 75

P

Parks 82
Parlament 39
Partnerstadt 90
Patriarchat, Kiewer 16
Petschersk 14
Pinchuk Art Centre 56
Pirohowo 46
Podol 25
Polen 93, 101
Polizei 118
Post 119
Preisniveau 111
Prostitution 119
Pubs 72

R

Radfahren 119
Rauchen 64
Reisezeit 128
Restaurants 66
Revolution der Würde 95
Rundgang 12
Rus 91
Russisch 102
Russland 93, 101

S

Sammeltaxis 127
Schewtschenko, Taras 34
Schowtenewy-Palast 31
Schwule 119
Selenskyj, Wolodymyr 115
Sex 125
Shopping 76
Sicherheit 119
Small Europe 25
Sophienkathedrale 21
Souvenirs 76
Spartipps 111
Spaziergang 12
Speisen 61
Sperrnummer 118
Spezialitäten, kulinarische 61
Spielwaren 78
Spielzeugmuseum 118
Sport 120
Sprache 120
Sprachhilfe 130
Stadion, Dynamo 105
Stadtname 139
Stadtspaziergang 12
Stadttor 21
Stadttouren 120
Standseilbahn 24
Streetart 100
Stromspannung 110

T

Taras-Schewtschenko-Wohnhausmuseum 32
Tatlin, Wladimir 59
Taxi 127
Telefonieren 121
Telefonvorwahlen 121
Theater 74
Theaterkunst 20
Toiletten 113
Tourismus 104
Touristeninformation 115
Trinken 61
Trinkgeld 121
Trinkwasser 113
Trolleybusse 127
Truchanow-Insel 37, 83
Tschasopis 74
Tschernobyl 49
Tschernobyl-Museum 56

U

UdSSR 95
Uhrzeit 121
Ukrainisch 102, 130
Ukrajinka, Lesja 54
Umrechnungskurs 110
Unabhängigkeit 96
Unabhängigkeitsdenkmal 31
UNESCO-Weltkulturerbe 88
Universität 36
Unterkunft 122

V

Vegetarische Küche 68
Veranstaltungen 85
Verhaltenstipps 125
Verkehrsmittel 126
Visa-Karte 110
Visum 110
Volksarchitektur 46
Volkskunst 19
Volksmuseum der Korruption 45

Vorwahl 5, 121
VPAY 112

W

Währung 110
Wahrzeichen 88
Wasser 113
Wasserturm 56
WeCityArt 100
Wiktor Janukowitsch 101
Wladimir-Hügel 83
Wladimirkathedrale 33
WLAN 116
Wodka 62
Wydubyzkyj-Kloster 47

Z

Zarenfamilie 26
Zeit 128
Zentrum, altrussisches 20
Zhuljany 108
Zug 109

Reiseführer – aktuell und informativ
Reise Know-How Verlag

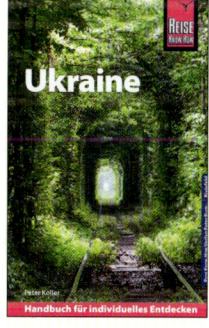

Reisepraktische Informationen von A bis Z
Sorgfältige Beschreibung aller sehenswerten Orte und Landschaften
Ausführliche Kapitel zu Geschichte, Gesellschaft, Kultur & Natur
Unterkunfts- und Restaurantempfehlungen für jeden Geldbeutel
Hinweise zu allen Verkehrsmitteln | Tipps für Aktivitäten
Kleine Sprachhilfe Ukrainisch | Viele ansprechende Fotos

Neu in diesem Reiseführer
Einleitungskapitel mit verschiedenen Reiserouten
Top-5-Empfehlungen
Zeitstrahl für einen ersten Überblick (Was, Wann, Wo)

Ukraine
ISBN 978-3-8317-2376-8
Detaillierte Ortspläne und Karten

732 Seiten | € 24,90 [D]

www.reise-know-how.de

Die Autorin

Heike Maria Johenning, Jahrgang 1968, studierte Slawistik und Romanistik in München, Paris und Moskau und machte ihren Abschluss am Sprachen- und Dolmetscher-Institut München. Seit 1996 arbeitet sie freiberuflich als Übersetzerin, Dolmetscherin und Autorin. Sie übersetzte unter anderem „Sozgorod" von Nikolaj Miljutin (DOM publishers, Berlin 2008) und „Jakow G. Tschernichow – Grafische Meisterwerke" (DOM publishers, Berlin 2009). Seit mehr als 25 Jahren ist sie mit den Nachfolgestaaten der Sowjetunion bestens vertraut. Für den REISE KNOW-HOW Verlag hat sie „CityTrip Moskau", „CityTrip Montréal" und „CityTrip Baku" geschrieben. Zusammen mit ihrem Kollegen Peter Knoch hat sie zudem einen „Architekturführer Kiew" (DOM publishers, 2015) und einen „Architekturführer Tiflis/Tbilissi" (DOM publishers, 2018) verfasst. 2017 kam ihr „Architekturführer Baku" auf den Markt. Gemeinsam mit Markus Bingel verfasste sie den „Architekturführer Krakau" (DOM publishers, 2018).

Mit Kiew verbindet die Autorin nicht zuletzt dank der Freundschaft zu den Klitschko-Brüdern mittlerweile eine sehr enge Beziehung. Angefangen hat alles damit, dass sie den 1997 noch unbekannten Boxern in Hamburg Deutschunterricht gab …

Unter www.reise-know-how.de/citytrip/kiew19 verfasst die Autorin aktuelle Informationen zu Cafés oder Restaurants, da sich deren Adressen und Öffnungszeiten schnell ändern können. Hinweise und Meinungen zum Buch nimmt die Autorin gern entgegen:

› kontakt@johenning.de oder über die Website www.johenning.de

Impressum

Heike Maria Johenning

CityTrip Kiew

© REISE KNOW-HOW Verlag
Peter Rump GmbH 2011, 2013, 2017

4., neu bearbeitete und aktualisierte Auflage 2019

Alle Rechte vorbehalten.

ISBN 978-3-8317-3303-3

Printed in Germany

Druck und Bindung:
mediaprint solutions GmbH, Paderborn

Herausgeber: Klaus Werner
Layout: amundo media GmbH (Umschlag, Inhalt), Peter Rump (Umschlag)
Lektorat: amundo media GmbH
Karten: Ingenieurbüro B. Spachmüller, amundo media GmbH
Anzeigenvertrieb: KV Kommunalverlag GmbH & Co. KG, Alte Landstraße 23, 85521 Ottobrunn, Tel. 089 928096-0, info@kommunal-verlag.de
Kontakt: Osnabrücker Str. 79, 33649 Bielefeld, info@reise-know-how.de

Alle Angaben in diesem Buch sind gewissenhaft geprüft. Preise, Öffnungszeiten usw. können sich jedoch schnell ändern. Für eventuelle Fehler übernehmen Verlag wie Autorin keine Haftung.

Bildnachweis

Umschlagvorderseite: stock.adobe.com © andreykr | Umschlagklappe rechts: Klaus Werner
Soweit ihre Namen nicht vollständig am Bild vermerkt sind, stehen die Kürzel an den Abbildungen für die folgenden Fotografen, Firmen und Einrichtungen. Heike Maria Johenning: hmj | Klaus Werner: kw | stock.adobe.com: as

Sprachliche und geografische Hinweise

Abkürzungen

Wul.	Wulyzja	Straße
Pr.	Prospekt	Allee
Prow.	Prowulok	Gasse
Pl.	Ploschtscha	Platz
Bul.	Bulwar	Boulevard
Nab.	Nabereschna	Uferstraße
Sch.	Schosse	Chaussee
Hr.	(die) Hriwna	ukr. Währung

Straßennamen

Die Umbenennung einiger Straßen im unmittelbaren Stadtgebiet stiftet selbst bei Einheimischen Verwirrung, sodass die alten Namen so gut wie immer den neuen vorgezogen werden. Je nach Kartenmaterial sind die Bezeichnungen ebenfalls unterschiedlich. In diesem Buch wurde sowohl bei den Straßennamen als auch bei einigen anderen Ortsbezeichnungen (Majdan, Ukraine) den neuen Namen der Vorzug gegeben.

gebräuchlich:
  Wul. Sitschowych Strilziw
ebenfalls verwendet: Wul. Artema

gebräuchlich: Wul. Iwana Masepy
ebenfalls verwendet:
  Wul. Sitschnewoho Powstannja

gebräuchlich: Wul. Antonowitscha
ebenfalls verwendet: Wul. Horkoho

KURZ & KNAPP

Киев, Київ, Kiev, Kyiv oder Kiew?

Je nach Ausgangssprache wird der Stadtname unterschiedlich geschrieben. Die internationale Schreibweise der ukrainischen Hauptstadt lautet Kiev und leitet sich vom noch aus den Zeiten der Sowjetunion gebräuchlichsten russischen Namen Киев (Kiew) ab. Im Ukrainischen wird die Stadt Київ genannt. Das möchten die Stadtoberen und die Kiewer mit Kyiv transliteriert haben, da das Ukrainische 1991 zur Amtssprache erhoben wurde. In diesem Stadtführer wird die im Deutschen geläufigste Variante benutzt: Kiew. Andere Eigennamen wie Podil (Podol) orientieren sich an der ukrainischen Originalschreibweise, sofern es sich dabei nicht um im Deutschen allgemein bekannte Begriffe wie Dnepr (Dnipro) handelt.

Schreiben Sie uns

Dieses Buch ist gespickt mit Adressen, Preisen, Tipps und Daten. Unsere Autoren recherchieren unentwegt und erstellen alle zwei Jahre eine komplette Aktualisierung, aber auf die Mithilfe von Reisenden können sie nicht verzichten. Darum: Teilen Sie uns bitte mit, was sich geändert hat oder was Sie neu entdeckt haben. Gut verwertbare Informationen belohnt der Verlag mit einem Sprachführer Ihrer Wahl aus der Reihe „Kauderwelsch".

Kommentare übermitteln Sie am einfachsten, indem Sie die Web-App zum Buch aufrufen (siehe Umschlag hinten) und die Kommentarfunktion bei den einzelnen auf der Karte angezeigten Örtlichkeiten oder den Link zu generellen Kommentaren nutzen. Wenn sich Ihre Informationen auf eine konkrete Stelle im Buch beziehen, würde die Seitenangabe uns die Arbeit sehr erleichtern. Unsere Kontaktdaten entnehmen Sie bitte dem Impressum.

Liste der Karteneinträge

- ❶ [S14] Höhlenkloster Petscherska Lawra S. 14
- ❷ [T14] Kreuzerhöhungskirche S. 15
- ❸ [T14] Die Nahen Höhlen S. 15
- ❹ [T14] Die Fernen Höhlen, Sankt-Anna-Empfängniskirche S. 17
- ❺ [T14] Gottesmutter-Geburtskirche S. 17
- ❻ [T14] Glockenturm der Fernen Höhlen S. 17
- ❼ [S14] Mariä-Himmelfahrtskathedrale S. 17
- ❽ [S14] Refektorium und Refektoriumskirche S. 18
- ❾ [S14] Museum des Buchdrucks und des Buches S. 18
- ❿ [S14] Museum der historischen Schätze der Ukraine S. 18
- ⓫ [S14] Großer Glockenturm S. 19
- ⓬ [S14] Mikrominiaturenmuseum S. 19
- ⓭ [S14] Museum für dekorative Volkskunst S. 19
- ⓮ [S14] Museum für Theater-, Musik- und Filmkunst S. 20
- ⓯ [S14] Dreifaltigkeitstorkirche S. 20
- ⓰ [M10] Goldenes Tor S. 20
- ⓱ [M10] Sophien-kathedrale S. 21
- ⓲ [N9] Denkmal zu Ehren von Fürstin Olga S. 23
- ⓳ [N9] Holodomor-Denkmal S. 23
- ⓴ [N9] Michaelskloster S. 23
- ㉑ [N9] Funicular S. 24
- ㉒ [N8] Andreaskirche S. 25
- ㉓ [M8] Altkiewer Plateau, Museum für ukrainische Geschichte S. 26
- ㉔ [M8] Bulgakow-Wohnhausmuseum S. 27
- ㉕ [N7] Kontraktplatz S. 29
- ㉖ [N10] Majdan S. 30
- ㉗ [N10] Taras-Schewtschenko-Wohnhausmuseum S. 32
- ㉘ [M12] Museum für russische Kunst S. 32
- ㉙ [L11] Wladimirkathedrale S. 33
- ㉚ [L12] Fomins Botanischer Garten S. 35
- ㉛ [O10] Europaplatz S. 35
- ㉜ [O9] Bogen der Völkerfreundschaft S. 35
- ㉝ [P10] Kussbrücke S. 37
- ㉞ [P10] Dynamo-Stadion S. 37
- ㉟ [P11] Marijinskyj-Palast S. 38
- ㊱ [O11] Nationalbank der Ukraine S. 39
- ㊲ [O11] Haus mit Chimären S. 41
- ㊳ [O12] Haus der weinenden Witwe S. 43
- ㊴ [D5] Babyn Jar S. 43
- ㊵ [G3] Kyrillkirche S. 44
- ㊸ [T18] Wydubyzkyj-Kloster S. 47
- ㊹ [T16] Nationales Museum der Geschichte der Ukraine im Zweiten Weltkrieg S. 48

- 🅦1 [M9] Spotykach S. 25
- ★2 [N7] Arbeiterklub „Pischtschewik" S. 44
- ★3 [E9] Kulturpalast „Metallist" S. 44
- ★4 [R12] Wohnkomplex der Waffenfabrik S. 44
- ★5 [N12] Wohnkomplex der Miliz S. 45
- ★6 [K9] Wohngenossenschaft sowjetischer Ärzte S. 45
- ❼ [N10] Maidan Museum Information Center S. 50
- 🅜8 [M7] Apothekenmuseum S. 52
- 🅜9 [M12] Chanenko-Kunstmusem S. 52
- 🅜10 [R13] Holodomor-Gedenkstätte S. 52
- 🅜11 [O14] Kiewer Festung S. 53
- 🅜12 [K12] Lesja-Ukrajinka-Wohnhausmuseum S. 53
- 🅜13 [N8] Museum einer Straße S. 53
- 🅜14 [O10] Nationales Kunstmuseum S. 55
- 🅜15 [O10] Wasserturm S. 56

Liste der Karteneinträge

- 16 [L10] It's not the louvr Gallery Bar S. 56
- 17 [L4] Izolyatsia Foundation S. 56
- 18 [N12] Pinchuk Art Centre S. 56
- 19 [N7] Tschernobyl-Museum S. 56
- 20 [S14] Mystezkyj Arsenal S. 57
- 21 [N9] Scherbenko Art Gallery S. 60
- 22 [M10] The naked room S. 60
- 23 [N6] Ya Gallery S. 60
- 24 [M9] Pejsaschnaja Alleja S. 60
- 25 [M7] Cafe Boutique S. 63
- 26 [N10] Kaffa (1) S. 64
- 27 [N7] Kaffa (2) S. 64
- 28 [N7] Living Room S. 64
- 29 [N7] Lviv Handmade Chocolate S. 64
- 30 [N13] Milk Bar S. 64
- 31 [M11] Small Talking S. 64
- 32 [M7] Schytnij-Markt S. 64
- 33 [N12] Bessarabsky-Markt S. 64
- 34 [O8] Fairmont Grand Hotel Kyiv S. 64
- 35 [N8] Kanapa S. 65
- 36 [N12] Pervak S. 65
- 37 [N10] Warenitschnaja Katjuscha S. 65
- 38 [S15] Zarske Selo S. 65
- 39 [O6] Khutorets na dnipri S. 65
- 40 [N11] The Blue Cup Coffee Shop S. 66
- 41 [N10] Tres Francais S. 66
- 42 [M8] Whitebeard Blackbird S. 66
- 43 [N11] Wolkonsky S. 66
- 44 [N10] Arbequina S. 66
- 45 [N11] Biliy Naliv S. 66
- 46 [O11] Chicken Kyiv S. 67
- 47 [O10] Dwa Husja S. 67
- 48 [M13] Faina Familia S. 68
- 49 [M11] Olivie S. 68
- 50 [N12] Puzata Hata (1) S. 68
- 51 [N12] Green 13 (vegan kitchen) S. 68
- 52 [N12] One Love Espresso Bar S. 68
- 53 [N12] Arena Sport Zone S. 68
- 54 [N13] King David S. 69
- 55 [O8] Kompot S. 69
- 56 [N12] Koya S. 69
- 57 [N7] Marrakesch S. 70
- 58 [M11] Mitla S. 70
- 59 [M9] Monaco S. 70
- 60 [N11] Musafir S. 70
- 61 [M16] Odessa S. 70
- 62 [N10] Ostannya Barykada S. 70
- 63 [N13] Petrus-b S. 71
- 64 [M9] Pirog' Bar S. 71
- 65 [N7] Puzata Hata (2) S. 71
- 66 [P13] Shoti S. 71
- 67 [N7] Trapezna Akademia S. 71
- 68 [M13] Under Wonder S. 71
- 69 [N12] Vapiano S. 71
- 70 [N9] b-hush Rooftop Bar S. 72
- 71 [N10] Chateau S. 72
- 72 [N10] Drunk Cherry (Pjana Wishnja) S. 72
- 73 [M11] Le Cosmopolite S. 72
- 74 [N9] O'Brian's Irish Pub S. 72
- 75 [K10] Palata Nomer 6 S. 72
- 76 [N12] Parovoz (speakeasy) S. 72
- 77 [M10] Zig Zag Bar S. 73
- 78 [K11] Caribbean Club S. 73
- 79 [K6] Closer S. 73
- 80 [P10] DFleur Club S. 73
- 81 [P2] Disco Radio Hall S. 73
- 82 [L6] Klub Chlib S. 73
- 83 [K6] Otel' S. 74
- 84 [M7] Pink Freud Kyiv S. 74
- 85 [K4] Schema S. 74
- 86 [O11] Iwan-Franko-Akademietheater S. 74
- 87 [N11] Lesja-Ukrajinka-Dramentheater S. 74
- 88 [M13] Tschasopis S. 74
- 89 [O9] Nationale Philharmonie, S. 75
- 90 [M16] Nikolauskirche – Haus für Orgel- und Kammermusik S. 75
- 91 [M11] Taras-Schewtschenko-Oper S. 75
- 92 [N13] Kyiv S. 76
- 93 [O11] Parter S. 76
- 94 [N11] ZTK (CTK) S. 76
- 95 [N14] Dynamo Kiev Fan Shop S. 76
- 96 [M8] Fluranet Jiva-Shop S. 76

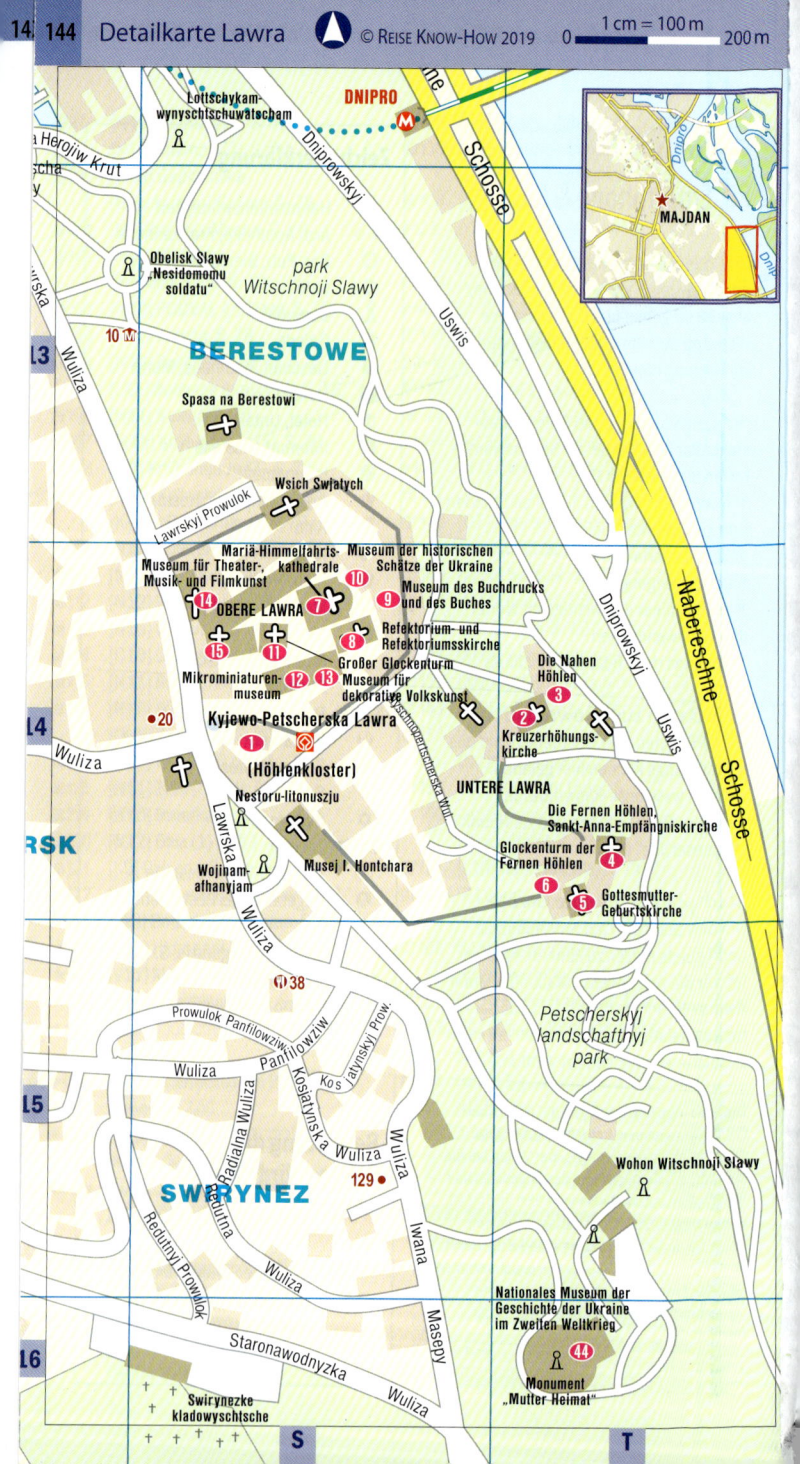